CONSULTATION

Sur l'état actuel de l'Étroite Observance de Cluny.

LE Conseil soussigné, ayant examiné le Livre qui a
pour titre : *Statuta & consuetudines sacri ordinis Cluniacensis,
seu Regula Sancti Benedicti cum constitutionibus pro regulari
seu stricta observantia*, auquel Livre ne se voit ni nom
d'Imprimeur, ni nom de ville, ni indication d'année;
les Statuts de Pierre-le-Vénérable, de Hugues V, de
Henri I, & de Jean III, Abbés de Cluny; nombre de
Lettres-Patentes, Déclarations, Arrêts, Chapitres Généraux, Diettes; un extrait des regiftres de la Procure de
Montdidier; certificat du Secrétaire de la dernière Diette,
portant qu'elle a décerné une Obédience à D. Pillet, Procureur de Montdidier; copie sur papier mort d'une Ordon-
nance de D. le Moyne, Supérieur-Vicaire Général de
l'Etroite Observance de Cluny par laquelle, sur les plaintes
rendues, tant par M. l'Evêque d'Amiens, que par les
Religieux de Montdidier, il nomme des Commissaires pour
informer de l'inconduite, scandale, déprédation & mauvaise administration des Prieur & Procureur de Montdidier;
Obédience donnée par D. le Moyne à D. Edouard, Religieux & nouveau Procureur de Montdidier; Mémoire
signé tant dudit D. Edouard que de DD. Pinon, Lyon-

A

nois, Affezat & Couette auxquels ont été décernées pareilles Obédiences, de manière que toute la Communauté de Montdidier a été expulsée de cette Maison dans laquelle le Prieur est resté seul, sans qu'il ait été fait droit sur la plainte contre lui rendue, & l'information faite en conséquence.

ESTIME que toutes les questions sur lesquelles on demande avis dans le Mémoire dont il est parlé ci-dessus & dont il suppose les faits d'autant plus vrais qu'ils sont plus faciles à prouver, se réduisent à savoir :

1°. Si l'Etroite Observance a jamais eu des statuts ou des constitutions ; si son Gouvernement n'est pas absolument arbitraire ; si elle a un régime quelconque, indépendamment de ce qu'il n'a jamais été revêtu de Lettres-Patentes :

2°. Quels doivent être les statuts, les constitutions, le régime de l'Etroite Observance :

3°. De combien de définiteurs doit être composé son définitoire particulier aux Chapitres Généraux ; si de 7 ou de 15 :

4°. Si l'élection du Supérieur-Vicaire Général actuel n'est pas abusive :

5°. Si le Supérieur-Vicaire Général, même élu canoniquement, peut, quand bon lui semble, donner des Obédiences à ses Religieux :

6°. A qui appartient de nommer les Procureurs des Maisons de l'Etroite Observance :

7°. Si les Conventuels peuvent assister, par députation, aux Chapitres Généraux :

8°. Si les Bénéficiers peuvent recevoir, ou exiger, chaque année, du Procureur Général, une portion du revenu de leurs Bénéfices :

9°. Enfin, si des Religieux expulsés d'une Maison où ils formoient la Communauté, sont recevables à poursuivre la plainte qu'ils ont rendue contre l'inconduite, scandale, mauvaise administration & déprédation de leur Prieur & Procureur.

Pour répondre à chacune de ces queſtions, le ſouſſigné en formera ici autant de Chapitres.

§. P R E M I E R.

Le gouvernement ou régime de l'Etroite Obſervance eſt abſo-lument arbitraire. L'Etroite Obſervance eſt ſans ſtatuts, ſans conſtitutions, ſans régime.

Pour démontrer cette propoſition, il faut néceſſairement ſuivre l'Ordre de Cluny d'âge en âge & remonter juſqu'à ſa fondation.

Saint Benoît n'a établi ni Ordre ni Congrégation, quoi-qu'il ait bâti douze Monaſtères; la règle que l'on a de lui eſt un code de pratiques religieuſes qu'il ne mit par écrit que pour chacune des Maiſons qu'il établiſſoit, leſquelles, indépendantes les unes des autres, étoient immédiatement ſoumiſes à l'Evêque des lieux; auſſi, on ne trouve dans cette règle rien qui ait trait au régime, au gouvernement d'un Corps répandu dans différents Monaſtères, ſoumis à des Supérieurs majeurs & à un ſeul Chef: c'eſt la diſcipline d'une ſeule Maiſon.

Cette règle fut long-temps la ſeule monaſtique connue dans l'occident. Saint Benoît d'Aniane nommé par Louis-le-Débonnaire Chef & Supérieur Général de tous les Monaſtères de l'Empire la revivifia, la renouvella & par la ſuite, les Ordres de Cluny, Cîteaux, des Chartreux, des Camaldules, &c. l'embraſſèrent. Chacun des Fondateurs de ces nouveaux Ordres y ajouta les ſtatuts ou conſtitu-tions qui lui parurent les plus convenables pour le gou-vernement de ſes Religieux & ces ſtatuts ou conſtitutions formèrent les différences eſſentielles qui font diſtinguer le Cluniſte du Ciſtercien, &c. Tous promettent bien d'obſerver la règle de Saint Benoît; mais chacun, dans l'émiſſion de de ſon vœu, explique la manière dont il s'y aſſujettit : *Pro ut obſervatur in Ordine Cluniacenſi*; voilà le Cluniſte : *Pro ut obſervatur in Ordine Ciſtercienſi*; voilà le Ciſtercien.

Le premier s'eft foumis à un Gouvernement Monarchique, l'autre à un Gouvernement Ariftocratique, &c.

La Maifon de Cluny, par le titre de fa fondation, fut mife fous la protection particulière de Saint Pierre & du Pape ; elle fut le Chef de la première Congrégation de plufieurs Monaftères immédiatement foumis au Saint Père. Ce premier & nouvel Ordre ne voulut avoir qu'un Abbé revêtu de la première & fouveraine dignité, réuniffant toute autorité, concentrant toute jurifdiction fpirituelle & temporelle qu'il ne communiquoit qu'autant & auffi long-temps que bon lui fembloit : les Prieurs n'étoient que les Miniftres de fes volontés, des Commiffaires révocables *ad nutum* ; il les inftituoit comme il les deftituoit ; il transféroit d'un Monaftère à l'autre fes Religieux qui, encore en 1507, lui juroient fidélité jufqu'à la mort.

L'humilité d'un Abbé, les Chapitres Généraux, la réforme, la différence des temps ont confidérablement altéré, changé ce gouvernement, ainfi que l'on va le voir dans les différentes époques que nous allons citer.

En 910, Guillaume-le-Pieux, Duc d'Aquitaine, fonda l'Abbaye de Cluny ; il la donna a Bernon déjà Abbé de Gigny & réformateur de quelques Monaftères, fous la règle de Saint Benoît qu'il introduifit dans fa nouvelle Maifon.

Quoiqu'Abbé de Cluny, Bernon ne laiffa pas de gouverner les Monaftères qu'il avoit réformés. A fon décès, arrivé en 926, il remit le gouvernement de Cluny, Maffiac & Dole à Odon ; quant au furplus, il le confia à Guy, recommandant l'union à fes deux fucceffeurs & réglant qu'en cas de divifion entr'eux, les Prieurs des lieux y pourvoiroient.

Odon perfectionna ce que fon devancier avoit commencé ; bâtit de nouveaux Monaftères ; en reçut dans fa dépendance qu'il affilia ; fit pratiquer toutes les vertus par fes Religieux dont la bonne odeur attira tant de Sujets à l'Ordre naiffant, qu'en moins d'un fiècle & demi, on compta près 2000 Monaftères, tant en France que dans les autres Etats, dépendants de l'Abbaye de Cluny.

Dans le peu de ftatuts que l'on voit paroître depuis ʒ10 jufqu'à la mort de Pierre-le-Vénérable, neuvième Abbé, arrivée en 1157, on ne trouve, que des pratiques religieufes, des additions faites à la règle de Saint Benoît, rien que l'on puiffe regarder comme le régime ou le gouvernement d'un Ordre; parce qu'alors, comme le remarque M. l'Abbé Fleury, Inft.t. au Dr. Eccléf., pag. 192, les premiers Abbés de Cluny en étoient les maîtres abfolus & que leurs fucceffeurs confervèrent la même puiffance; en effet, cela eut lieu jufqu'à Hugues V, dix-feptième Abbé, élu en 1199.

1157. Pierre-le Vénérable, Abbé.

A cette époque, l'Ordre s'étoit confidérablement relâché: le mauvais exemple des Supérieurs avoit autorifé l'inconduite des Religieux; de manière qu'il ne reftoit plus que le fouvenir de la réputation de leurs prédéceffeurs. Ce fut alors que l'Abbé Hugues, à peine monté fur le Siége Abbatial, s'occupa, non-feulement de remettre la règle en vigueur, mais encore de former un régime & de le donner à fon Ordre qu'il prêcha autant par fes paroles que par fon exemple.

1199. Hugues V.

Le paffé lui avoit peut-être appris que fa puiffance étoit trop étendue, que fes fucceffeurs pourroient en abufer encore comme fes devanciers; il commença donc par abdiquer une partie de fon autorité, créer les Chapitres Généraux, les vifiteurs auxquels il foumit fa perfonne & fon Abbaye; il inftitua des définiteurs qui entrèrent avec lui & fes fucceffeurs en fociété de puiffance & de jurifdiction dans les Chapitres Généraux où tout devoit être rapporté; il régla ce qui regardoit le maître des Novices, l'inftitution des Prieurs, les cas de leur dépofition, les obédiences, la garde des fceaux, les chambriers, le temps du Chapitre Général, & fit nombre d'autres réglements qui concernent véritablement le régime d'un Ordre.

Création dés Chapitres-Généraux, vifiteurs, définiteurs.

1200. Statuts de Hugues V.

Ces ftatuts, ces conftitutions furent renouvellés après le décès de Hugues V, fans que l'on voie en quelle année; on y ajouta même l'établiffement de douze fenieurs dans la Maifon de Cluny, pour former le Confeil de l'Abbé;

Biblioth. Clun. Col. 1471.

on y traita, à la suite, de l'élection, inftitution & confirmation des Prieurs, des obédiences, emprunts, aliénations, comptes des Procureurs, du nombre des Conventuels qui affifteroient aux Chapitres Généraux, &c.

Ce ne fut, par conféquent, qu'en 1200, quoique fondé en 910, que l'Ordre de Cluny eut un régime.: jufques-là, il avoit vécu fuivant la règle de Saint Benoît; mais il ne s'étoit gouverné que par l'Abbé dont la volonté tenoit lieu de régime.

1223. Bulle de Gregoire IX.

Les réglements de Hugues V s'étant trouvés, en quelques points, de difficile exécution, ils furent, 23 ans après leur première rédaction, préfentés à Gregoire IX : ce Pape y changea, y ajouta ce qu'il crut devoir y changer, y ajouter, munit le tout du fceau de fon autorité apoftolique & le donna à l'Ordre comme la règle fûre & invariable que l'on tiendroit *dans les Chapitres à venir, & de laquelle on ne pourroit plus s'écarter.*

Suivant fa Bulle, datée d'Agnany, le 13 Janvier 1223, fous l'adminiftration d'Etienne, vingt-deuxième Abbé, ce Pontife veut :

1°. Que, chaque année, le Chapitre Général fe tienne dans l'Abbaye de Cluny; que tous les Abbés & Prieurs s'y rendent.

2°. Que ces Chapitres foient tenus dans la même forme que ceux de Cîteaux.

3°. Que, dans ces Chapitres, on élife des définiteurs pris d'entre les Abbés & Prieurs & auffi des vifiteurs pour chaque Province, lefquels feront leurs vifites, comme il fe pratique à Cîteaux.

1282. Bulle de Nicolas IV, qui gouverne l'Ordre de Cluny, quant aux Chapitres Gén raux & défiuitoires.

Cette Bulle fut, pendant environ 60 ans, la règle que l'on fuivit dans les Chapitres Généraux qui fe tinrent; mais, comme elle avoit encore fes difficultés, l'Ordre eut recours à Nicolas IV qui, par une autre du 11 Septembre 1282, ordonna que, chaque année, le Chapitre fe tiendroit à Cluny ; que tous les Abbés & Prieurs s'y rendroient, fauf les étrangers qui ne feroient obligés de s'y trouver que de deux en deux ans & que le premier Chapitre, ainfi que les fubféquents, feroient tenus de manière que les définiteurs qui y feroient élus, feroient pris & choifis parmi les Abbés & Prieurs de l'Ordre; que ces définiteurs feroient au nombre *de quinze*; & que ces quinze nommeroient les quinze autres, qui leurs fuccéderoient au Chapitre Général fuivant.

La bulle de Nicolas IV, fut renouvellée, 150 ans après, par Calixte III qui en donna une nouvelle le 15 Mars 1455, contre les Abbés & Prieurs de l'Ordre qui refufoient de fe trouver aux Chapitres.

Nombre des Définiteurs.

1455. Bulle de Calixte III, confirmative p^r celle de Nicolas IV.

En 1308, Henri I fut élu Abbé de Cluny; il fit compiler tous les Statuts de l'Ordre faits, tant par les Souverains Pontifes que par fes prédéceffeurs. Il les divifa en quatre parties dont la premiere traita *de divinis & fpiritualibus*; la deuxième, *de obfervantiis regularibus*; la troifieme, *de modo, forma & materiá capituli generalis*; & la quatrième, qui, avec la précédente, forme le régime de l'Ordre, *de formá & qualitate inftitutionis & deftitutionis Abbatum, Priorum & aliorum adminiftratorum, profpero regimine, &c.* On joignit à cette collection les Statuts de Bertrand I, prédéceffeur de Henry, & la Bibliothèque de Cluny, col. 1590, dit à la fin de ces derniers.

1308. Statuts de Henri I.

Expliciunt prædicta ftatuta quibus unà cum regulá B. Benedicti & ftatutis Apoftolicis regitur Cluniacenfis ordo.

Enfin, après les Statuts de Bertrand & Henri, ont paru ceux faits par le Chapitre général de l'Ordre préfidé par Jean III de Bourbon, 42ᵉ. Abbé de Cluny, & premier Commendataire, tenu en 1458.

1458. Statuts de Jean III, de Bourbon.

Depuis ces Règlements, les guerres & les héréfies ayant défolé l'Eglife & l'Etat, les Chapitres généraux n'eurent plus lieu. Le relâchement s'introduifit, les commandes fe multiplièrent, la vie commune ceffa, l'ordre fe divifa, & la défolation étant prefque parvenue à fon comble, l'Abbaye de Cluny perdit, non-feulement les établiffements qu'elle avoit hors du Royaume, mais même quelques-uns de ceux qui y étoient fitués. Ce fut de fes débris que D. de Guife, Abbé, forma le Chapitre général de 1600.

En attendant une réforme que le Cardinal Charles de Loraine avoit inutilement tentée, à fon retour du Concile de Trente, on tâcha, en ce Chapitre, de remédier aux

1600. Chapitre général ; D. de Guife, Abbé.

maux les plus preſſants. On s'occupa de la conventualité, de la diſcipline intérieure, du ſervice divin, de l'habit des Religieux, des bâtiments, du vice de propriété, &c. des Lettres-patentes enregiſtrées en 1601, confirmèrent tous les décrets pour lors faits & les choſes reſtèrent en cet état juſqu'en 1621.

1621. Réforme ſous le nom d'Etroite Obſervance.

A cette derniere époque, D. de Veny d'Arbouze, Grand Prieur de l'Ordre, en entreprit la réforme ſous les auſpices du Cardinal de Guiſe. Il obtint de cette Eminence un Réglement du 19 Mai de la même annnée, confirmé par des Lettres-patentes du 3 Juillet ſuivant, qui furent enregiſtrées ; mais ce Réglement ne produiſit aucun effet.

D. d'Arbouze, avec les plus ſaintes intentions, conſultoit ſur ſon projet de réforme, tantôt les Religieux de Saint Vannes, tantôt les Peres de Saint Maur.

Ceux-ci reſpeƈivement jaloux de contribuer à la réforme de Cluny, reſpeƈivement jaloux d'y établir leurs régimes qui différoient autant entr'eux qu'ils différoient de celui de Cluny, le jettèrent dans des incertitudes & des irréſolutions qui ne manquèrent pas de dégoûter ceux mêmes qui deſiroient le plus la réforme & firent prévoir que tous ſes deſſeins ſe diſſiperoient d'eux-mêmes.

On crut, d'abord, que la qualité d'Abbé lui procureroit plus de poids, plus de conſidération, plus de perſuaſion. Il fut élu ; mais il n'en réuſſit pas davantage. On imagina que l'autorité avanceroit ſes projets ; on lui fit demander le Cardinal de Richelieu pour coadjuteur ; il l'obtint, mais n'en fut pas plus avancé : enfin, preſſé par une lettre de Louis XIII, il ſe demit de ſon Abbaye en faveur du Cardinal Miniſtre, ſon ſucceſſeur, & abandonna ainſi la réforme. Reprenons nos époques.

Le Réglement que D. d'Arbouze avoit, en 1621, obtenu du Cardinal de Guiſe, ſe trouva inexécutable ; les Religieux qui avoient accepté la réforme, ne l'avoient fait que ſous la clauſe expreſſe qu'elle auroit lieu, *ſuivant les anciens Statuts de Cluny ; que l'on ne toucheroit en aucune façon à*

leur

leur regime & que tout ce qui feroit fait, n'auroit de valeur qu'autant qu'il feroit approuvé dans un Chapitre général.

Au lieu de cela, d'après les régimes de Saint Maur & de Saint Vannes, la maniere d'élire les Supérieurs fe trouva changée, &c.; pour comble d'embarras, les Chapitres généraux cefferent d'avoir lieu & l'Ordre fut prêt à périr dans les fondements de fa réforme.

Les Religieux, Officiers, Senieurs & Députés de la Voûte qui s'en apperçurent, chargerent léur Prieur clauf-tral de déclarer à l'Abbé « *que leur intention n'étoit pas d'em-* » *pêcher la réforme fur le pied des anciens Statuts de l'Ordre,* » en y faifant procéder par perfonnes capables & confom-» mées en l'exercice de piété de Saint Bénoît, comme ils » y avoient confenti, & que le tout fut réglé par le pro-» chain Chapitre général; mais que fi l'Abbé n'y vouloit » entendre, on protefteroit & appelleroit comme d'abus » contre l'introduction nouvelle faite dans l'Abbaye. »

Cette déclaration & proteftation n'ayant produit aucun effet, la Communauté de Cluny, plufieurs autres Monafteres fe pourvurent; D. Celfe, pour lors Grand Prieur, conclut à être maintenu; D. d'Arbouze intervint, « & le 17 Mai » 1628. Le Parlement, avant faire droit, ordonna que, » dans trois mois, le Confeiller-Rapporteur fe tranfporteroit » en l'Abbaye de Cluny, avec deux Peres de l'Ordre » nommés par la Cour & un des Subftituts de M. le » Procureur Général, en préfence duquel & du Procureur » Général de l'Ordre, lecture feroit faite aux Religieux de » ladite Abbaye du Réglement fait par le Cardinal de » Guife, Abbé d'icelle, le 19 Mai 1621; que tous lefdits » Religieux feroient féparément ouis fur la foumiffion, » exécution & obfervation dudit Réglement; enfemble » fur ce qui feroit propofé par lefdits Peres, & eftimé né-» ceffaire, pour la réformation & rétabliffement de la » difcipline regulière & ancienne Obfervance des Statuts, » & conftitutions de ladite Maifon & Ordre. »

Ce fut d'après cet Arrêt que, fatigué par des contradic-tions qui duroient depuis fept ans, & preffé par la lettre

1628. Arr.

B

de Louis XIII ; D. d'Arbouze en 1629, se démit de son Abbaye & que le Cardinal de Richelieu lui succéda.

Ce Prélat célèbre, se fit une affaire capitale de la réforme. Introduction dans son Abbaye de douze Religieux de Saint Vannes à qui il donna les premières dignités qu'ils se crurent obligés de remplir, comme réformateurs ; caresses, menaces, promesses, coups d'autorité, le Ministre tout puissant employa tout & ne réussit pas mieux que son prédécesseur.

Il adressa bien, le 28 Juillet 1633, un Mandement à D. Hubert Rollet, Grand Prieur, son Vicaire général pour la réforme ; il lui ordonna bien de convoquer un Chapitre général, & d'y appeller, tant les supérieurs que les inférieurs de son Observance ; *afin*, dit-il, *que vous puissiez*, « tous ensemble, & de concert, aviser aux moyens » qui paroîtront les plus propres à former *un bon régime*, * » capable de soutenir votre réforme, suivant les Loix & » Statuts que nous avons dressés : » ce Chapitre se tint bien le 16 Novembre 1633 ; mais il fut absolument contraire aux principaux Statuts de l'Ordre de Cluny, aux Bulles des Papes qui en sont le fondement. Il n'y eut que cinq Définiteurs au lieu de quinze ; on nomma des Conservateurs, des Dépositaires, des Commissaires de régime, toutes qualités inconnues dans l'Ordre que l'on prétendoit, en même-tems ramener à ses premiers jours ; toutes qualités qui effarouchèrent les esprits, les empêchèrent de croire que la réforme *garderoit la même forme de vie que celle qu'observoit l'Ordre de Cluny, lors de son premier établissement*, ainsi que s'en étoit expliqué le Cardinal Ministre, dans son Réglement de 1631 ; toutes qualités enfin qui révoltèrent, de manière que celui-ci, poussé à bout, désespéré de ne pouvoir faire une espèce de nouvel ordre, en réformant l'ancien, résolut de tout éteindre, jusqu'au titre de son Abbaye, & tout réunir à la Congrégation de Saint Maur.

Fixé à ce dernier projet, il l'exécuta autant qu'il fut en lui par un concordat passé le 29 Décembre 1634 qui occasionna une nouvelle forme de gouvernement encore plus éloignée du régime ancien de l'Ordre que ne l'étoit celle que les Peres de Saint Vannes avoient voulu introduire.

Après cette réunion faite, il y eut un Chapitre tenu en 1636, où la qualité de *Définiteur* se trouva supprimée; mais le Cardinal de Richelieu passa & avec lui l'union passa aussi. Le concordat ci-dessus fut annullé, le 22 Octobre 1644. Epoque à laquelle le Prince de Conti étoit placé sur le siége de Cluny. *

A peine le Prince fût-il installé, qu'il lui fallut soutenir un procès contre D. Espiard, Abbé élu. L'Arrêt du Conseil qui intervint sur cette contestation fut favorable au Prince postulé, & nécessita la séparation des réformés d'avec Saint Maur.

Mais, revenue sous la crosse, l'Etroite Observance qui s'annonçoit, pour observer la règle de Cluny dans toute sa pureté, surprit un Arrêt sur Requête, le 17 Mai 1651, qui permit à son premier Visiteur de convoquer un Chapitre général. Le Prince de Conti ne manqua pas de défendre son autorité, l'Etroite Observance succomba & fut forcée de le reconnoître pour chef.

A ce Prince succéda le Cardinal Mazarin qui, aussi jaloux que Richelieu de réformer l'Ordre de Cluny, fut aussi peu heureux, fut aussi rebuté & finit par n'imaginer rien de mieux que d'unir les réformés à la Congrégation de Saint Vannes. Le concordat en fut passé le 7 Avril 1659. Cette réunion disparut encore avec lui.

Au Cardinal Mazarin succéda, en 1668, le Cardinal d'Est qui, quoique ne résidant point en France, n'en vint pas moins à bout, en 1669, de faire casser le concordat de son prédécesseur.

Ramenée encore à son supérieur légitime, toujours sans loix, sans régime, sans statuts, ni constitutions, l'Etroite Observance demeura dans cet état jusqu'en 1676; elle-même l'a reconnu, lorsque dans l'Assemblée qu'elle avoit indiquée, de son chef, à l'insçu du Prince de Conti & qui se tint à Saint Martin-des-Champs, le 20 Février 1650. Elle dit : « qu'il étoit nécessaire de députer, en diligence,

---

Marginal notes:

1636. Chapitre.

1644. Concordat annullé.

* Ses Bulles sont de 1643.

1651. L'Etroite Observance veut se souftraire à la Jurisdiction du Prince de Conti, Abbé de Cluny.

1659. Union à la Congrégation de St. Vannes, par le Cardinal Mazarin.

1669. Concordat annullé à la Requête du Cardinal d'Est.

En 1650, 57, 73, 76, l'Etroite Observance n'avoit ni statuts, ni constitutions, ni régime ; elle étoit dans le même état en 1691.

» en Cour de Rome, pour obtenir de sa Sainteté *l'appro-*
» *bation de ses constitutions & de son régime* & un pouvoir
» pour approuver & ratifier ce qui avoit été fait jusqu'à
» présent, & suppléer par autorité Apostolique, les défauts
» intervenus en la célébration des Chapitres, l'élection des
» Supérieurs & autres actes de Jurisdiction, tant en l'un
» que l'autre for...... nonobstant que *lesdits actes fussent*
» *contraires aux anciens statuts qu'on avoit coutume d'ob-*
» *server dans l'Ordre.* »

Cette clause, *non obstantibus etiam dicti ordinis statutis antiquitùs observari solitis*, n'est pas, à la vérité, dans le corps de la délibération ; mais elle n'en fût pas moins ajoutée dans la procuration de DD. Belin & d'Auberoche, Députés en Cour de Rome à la poursuite de cette affaire dans laquelle ils échouèrent ; car, quelques années après, Alexandre VII trouva les prétentions des réformés si peu raisonnables que, par un bref qu'il adressa au Cardinal Mazarin, le 11 Juin 1657, il s'exprima ainsi :

« *Te in Domino requirimus & monemus, tibique per Apos-*
» *tolica scripta mandamus ut tanquam noster & sedis Apostolicæ*
» *legatus..... Statuta nova à quibusdam Monachis dicti Ordinis,*
» *sub prætextu introducendæ reformationis regularis observan-*
» *tiæ, non tamen antoritate Apostolicâ roborata, imo contraria*
» *statutis antiquis dicti Ordinis & constitutionibus Apostolicis*
» *condita..... tollere cures.* »

La même chose fut depuis enjointe au Cardinal de Bouillon par un bref d'Alexandre VIII, & à M. d'Auvergne par Innocent XII.

Chapitre géné-
ral de 1676. Le
Roi veut réunir
les anciens & les
réformés. Abus
qui éssrent de
ce Chapitre.

Au reste, les brefs de ces trois Papes ne doivent pas paroître étonnants, puisqu'ils sont conformes à trois Arrêts du Conseil d'État qui, depuis, ont fait défenses aux Réformés de s'éloigner, dans leur régime, de l'esprit des bulles des Papes qui sont la base du Gouvernement de l'Ordre de Cluny. Ces Arrêts sont des 18 Mars 1673, 20 Mars & Septembre 1676, reprenons nos époques.

Le Cardinal d'Est n'ayant tenu que peu de temps la Crosse de Cluny, l'Abbaye essuya une longue vacance qui

occaſionna entre les Anciens & les Réformés des diſſen-
ſions, des conteſtations auxquelles Louis XIV, prenant
un troiſième parti, voulut mettre fin. Ce troiſième parti
fut de réunir les deux Corps. Cela ſe voit par le préambule du Chapitre de 1676, où il eſt dit : « comme les
» vocaux de l'ancienne Obſervance ſurpaſſent de deux tiers
» le nombre des Religieux de l'étroite Obſervance, ce
» qui auroit pu exclure ceux-ci du définitoire, & que, néan-
» moins, l'équité veut que, *s'agiſſant de réunion commune*,
» ils euſſent part au définitoire, afin qu'ils puſſent travail-
» ler à ladite réunion, il a été convenu amiablement,
» qu'il ſera pris des leurs *Sept* Définiteurs & des anciens
» *Huit*, &c ».

En cette forme, ſe tint le Chapitre de 1676, en préſence de trois Commiſſaires du Roi & les deux Obſervances parurent n'y former qu'un Corps ; mais au lieu du bien
qui ſembloit devoir en réſulter, ce Chapitre a été la ſource
des plus grands abus pour la réforme; au lieu de la réunion eſpérée & conſommée, l'étroite Obſervance fut unie
& ſéparée tout à la fois des anciens, elle fut & ne fut pas
ſoumiſe à l'Abbé, elle obſerva & n'obſerva pas les conſtitutions de Cluny & ſi elle tint invariablement à la règle de Saint Benoît, ce fut, ſans avoir aucun régime fixe,
connu des Religieux inférieurs, & même des Supérieurs
qui ſont hors d'état d'en pouvoir produire aucun qui ait
été ſeulement arrêté.

A la première ſéance du Chapitre de 1676, le Prieur
» de Cluny, porteur de la procuration des Réformés,
» *fit remontrance* aux Commiſſaires du Roi, à ce que la
» convocation & célébration dudit Chapitre général ne
» pût nuire ni préjudicier aux pratiques & établiſſements
» de ladite obſervance, ains qu'il leur plût autoriſer de
» nouveau & protéger ladite obſervance, pour leur fa-
» ciliter les moyens de pouvoir s'acquitter de leurs vœux
» & ferment, *& vivre conformément à la règle de leur Père*
» *Saint Benoît, ſelon les ſtatuts de leur réforme* ».

A ce moment, comme on le voit, l'étroite obſervance

ne difoit plus qu'elle gardoit la même forme de vie que celle qu'obfervoit l'Ordre de Cluny dans fon premier établiffement, ainfi que le porte le règlement de 1621; elle avoit fes vœux, fon ferment, fes ftatuts particuliers; ces vœux, ferment & ftatuts étoient néceffairement différents de ceux des Anciens qui, quoiqu'ayant befoin de réforme, n'en étoient pas moins cenfés faire les vœux & les ferments & fuivre les anciens ftatuts de Cluny. Il y avoit donc contradiction manifefte entre ce qu'expofa le Prieur de Cluny réformé au Chapitre de 1676, & le règlement de 1621 qui ne vouloit réformer l'Ordre qu'en le ramenant à fes anciennes loix.

Auffi le Grand-Prieur qui n'étoit pas réformé, répondit-il, entr'autres chofes, que le Prieur de Cluny n'étoit pas fondé à demander à Sa Majefté la confirmation de l'obfervance & de fon ferment; que l'obfervance étoit contraire aux ftatuts & au régime de l'Ordre; qu'Alexandre VII avoit déclaré qu'elle n'étoit point approuvée du Saint Siége; que, quant au ferment, il avoit été déclaré nul par deux Arrêts contradictoires du Grand-Confeil des 16 Novembre 1666, & 25 Mars 1671.

Le Grand-Prieur alla plus loin; il foutint, en face, au Prieur réformé que les procurations qu'il repréfentoit avoient été extorquées par menaces & violences, & qu'il en avoit la preuve en main, &c.

Les Commiffaires du Roi donnerent acte à chacun de leurs dires & remontrances & comme le but du Roi étoit de parvenir à une réunion, le Chapitre fe continua.

Suivant l'ufage & les ftatuts de Cluny, on commença par l'Élection de quinze Définiteurs qui, après quelques débats, furent pris dans les deux obfervances, huit dans l'ancienne, fept dans la nouvelle.

On fe propofa, de part & d'autre, la réunion fous un feul & même régime & obfervance, & en attendant cet heureux moment,

On reconnut l'Abbé pour Chef de tout l'ordre & des deux obfervances. On fixa les cas de mutation, dépofition

& suspension des Prieurs ; on statua que chaque observance auroit ses Définiteurs particuliers ; que les Religieux ne pourroient être tirés de leurs monastères qu'en cas de nécessité & utilité ; que le Chapitre général tiendroit tous les ans ; que les deux observances n'auroient qu'un *même Chapitre général, un même définitoire, un même régime.*

Les anciens promirent d'observer les statuts de Jean de Bourbon à l'exception de quelques explications, modifications & restrictions convenues dans le définitoire. Les Réformés s'engagerent à observer les mêmes statuts, *en ce qu'ils sont conformes & ne sont point contraires à leurdite observance*, (qui par conséquent n'étoit plus l'observation ponctuelle des anciens statuts de Cluny) *lesquels articles concernant ledit régime & ladite observance ; ont été signés unanimement par tous les Définiteurs, & fait double lequel a été remis entre les mains des Commissaires, pour être donné à Sa Majesté.*

Ce Chapitre qui régloit qu'il n'y *auroit qu'un définitoire, qu'un régime* pour les deux observances, fût revêtu de lettres-patentes enregistrées au Grand Conseil.

Deux ans après, en 1678, se tint un autre Chapitre général, encore par ordre du Roi qui avoit toujours les mêmes vues de réunion. Dans ce Chapitre il n'y eut qu'un seul définitoire. On se seroit récrié & on n'auroit pas souffert d'après les statuts de l'ordre, qu'il y en eût eu deux composés l'un de huit Définiteurs, l'autre de sept ; on auroit cru, d'après les bulles des Papes qui n'ont donné autorité qu'à quinze, on auroit cru ces assemblées de huit & sept, incapables de former définitoires, incapables de rien décider.

1678. Chapitre général.

La plus grande difficulté qui s'éleva dans ce Chapitre, tomba sur le serment que l'étroite observance fait faire à ses Religieux, lors de l'émission de leurs vœux. Comme elle leur fait jurer de ne jamais obéir à des Supérieurs, de quelque état qu'ils soient, si ces Supérieurs n'ont embrassé l'étroite observance, les anciens représenterent que ce serment avoit été condamné & défendu par les Arrêts du Grand Conseil des 16 Novembre 1666, & 25 Mars 1671 ; qu'il portoit un notable préjudice à la Jurifdiction de l'Abbé de Cluny dont le Siége étoit alors vacant & les Définiteurs de l'étroite obfervance ne purent abfolument difconvenir de ces faits ; mais ceux-ci, pour fe tirer du mauvais pas où ils fe trouvoient engagés, n'ayant pas balancé à déclarer qu'ils *n'avoient jamais eu intention, par ce ferment, de ne pas reconnoître l'Abbé de Cluny pour Chef & Supérieur général de tout l'ordre, ni de choquer fa Jurifdiction,* les anciens fe contentèrent de cette déclaration, ne furent pas plus loin & le ferment refta le même.

En 1689, M. le Cardinal de Bouillon fut pourvu en commande de l'Abbaye de Cluny. Il préfida aux Chapitres de 1693, 1697, 1701, 1706. Perfonne n'ignore la difgrace de ce Seigneur, ni les difficultés qui s'élevèrent juftement dans ce temps, entre la Croffe Abbatiale & l'étroite Obfervance ; difficultés qui furent en partie terminées par l'Arrêt du Grand Confeil du 30 Mars 1705, contre lequel il fe pourvut vainement en caffation, en ayant été débouté par Arrêt du Confeil d'État du 14 Avril 1708.

Comme cet Arrêt de 1705 a été expliqué & interprêté par un autre de 1728, dont nous parlerons dans un inftant, nous n'en rapporterons pas ici les difpofitions qu'il faudroit répéter : nous obferverons feulement qu'à peine cet Arrêt de 1708 fût rendu, que l'étroite obfervance fe regarda tout à fait comme indépendante, qu'elle hafarda de mettre fur pied & faire imprimer des conftitutions qui lui fuffent particulières.

Déjà, dans le Chapitre de 1697, les Définiteurs de l'étroite obfervance avoient décreté & dit : *in Monafteriis ftrictæ obfervantiæ, conftitutiones quæ confueverint in capitulo & refectorio legi, in priftino vigore fervabuntur, donec aliæ quas edere convenit publicatæ fuerint,* ce qui annonçoit un changement dans les conftitutions même de l'étroite obfervance, ce qui annonçoit que l'étroite obfervance oublioit qu'elle s'étoit engagée, lors du Chapitre de 1676, à n'avoir pas d'autre Chapitre, d'autre définitoire, ni d'autre régime que les anciens & de ne pouvoir rien faire qui

ne

ne fut nul, s'il n'étoit conforme à ce qui avoit été arrêté dans ce Chapitre.

Quoi qu'il en foit, ce fut en un définitoire particulier, lors du Chapitre de 1717, que l'étroite obfervance par fes Définiteurs dit, en l'abfence des Anciens :

» *Vifá nobis Editione ftatutorum & confuetudinum Ordinis*
» *Cluniacenfis cum conftitutionibus pro regulari obfervantiá in*
» *duas partes diftributâ, in quarum primá agitur* DE REGIMINE;
» *pars autem fecunda continet regulam S. Benedicti cum confti-*
» *tutionibus pro ftrictá obfervantiá, définitores ftrictæ obfervan-*
» *tiæ præcipiunt hanc novam Editionem ad omnia Monafteria*
» *effe mittendam à procuratore generali, intrà Feftum S. Joan-*
» *nis Baptiftæ proximè futurum; ipfaque ftatuta ficut priùs*
» *effe obfervanda & publicè legenda, ut moris eft, in capitulo,*
» *poft lectionem regulæ* ».

Peut-être l'envoi de ce nouveau Code imprimé fans l'approbation de l'Abbé, du Pape, du Roi, ni d'aucune Puiffance, fut-il fait; toujours eft-il vrai de dire que les Anciens en ayant eu connoiffance, ne manquèrent pas de l'arrêter, quant à la première partie qui traitoit *du régime*, & que l'étroite obfervance fût obligée de le retirer des mains de ceux à qui il avoit pu parvenir, même de le fupprimer en cette partie; de manière que ce livre exiftant encore aujourd'hui, ne contient plus que la règle de Saint Benoît, avec des notes tirées des anciens ftatuts de l'Ordre, qui néanmoins ne peuvent former un régime; mais fuivons nos époques

A M. le Cardinal de Bouillon fuccéda M. l'Abbé d'Auvergne avec lui furent, par Arrêt du Confeil d'État du 22 Septembre 1728, terminées les conteftations qui ne l'avoient point été lors de l'Arrêt de 1705. Par cet Arrêt, l'Abbé fût déclaré Chef, Supérieur général & perpétuel Adminiftrateur de tout l'Ordre de Cluny; il fut ordonné qu'il feroit reconnu tel par les deux obfervances fur lefquelles la Jurifdiction fpirituelle lui fut attribuée; les qualités & pouvoir du Supérieur Vicaire-Général de l'étroite obfervance furent réglés; il fut défendu

C.

1717. Impreffion des ftatuts de l'étroite Obfervance.

1728. Arrêt du Confeil qui régle les Droits de l'Abbé, &c.

d'imprimer aucun livre à l'usage de l'étroite observance, ou composé par les Réformés pour le public, sans l'approbation du Chapitre général, ou du Supérieur général dans *l'intérim* ; l'étroite observance fût maintenue dans le droit & possession d'élire dans son définitoire, hors la présence de l'Abbé, sans qu'il pût y assister & sans le concours des Définiteurs de l'ancienne observance, les nouveaux Définiteurs, Supérieur-Vicaire-Général, Supérieurs locaux, Procureur-Général & autres Officiers, ainsi & de la manière qu'il étoit réglé par l'Arrêt de 1705 ; de faire des réglements pour la manutention de sa discipline régulière, sans cependant y pouvoir rien ordonner de contraire au définitoire commun des Chapitres généraux, & à la charge que ses Élections & Réglements seroient nécessairement réferés & inférés dans les définitions du Chapitre général, pour être le tout exécuté de l'autorité de ce même Chapitre général.

Les dietes furent maintenues, suivant l'Arrêt de 1705, à la charge que les Supérieurs & Officiers y élus, prendroient institution de l'Abbé qui ne pourroit la leur refuser, &c. &c.

1728 , Chapitre.

Quatre jours après cet Arrêt rendu, se tint le Chapitre général de 1728 : il s'y éleva bien des difficultés, mais nous les passons sous silence, attendu qu'il s'agissoit des intérêts particuliers de chacune Observance & que nous ne cherchons ici que le régime de la réforme, si jamais il en a existé un que l'on puisse présenter. Aulieu de cela nous lisons, page 26 de l'imprimé françois de ce Chapitre: » Les Défi-
» niteurs (des deux Observances assemblées dans le Chapitre
» commun) ont ordonné que le livre intitulé : *Statuta &*
» *consuetudines ordinis Cluniacensis cum constitutionibus pro*
» *regulari seu strictâ Observantiâ in duas partes distributa,*
» sera examiné, quant à la première partie qui regarde le
» régime, par les deux Procureurs-généraux des deux Observances qui, après l'avoir examiné ensemble, en feront
» leur rapport à Monseigneur l'Abbé ; & s'il se trouvoit quelque difficulté sur le régime, Monseigneur l'Abbé choisira,
» en nombre égal, des Religieux de chaque Observance,
» pour les terminer avec mondit Seigneur & ce qui sera par

Examen ordonné du Livre imprimé en 1717. Ce livre arrêté quant à la première partie traitant *du Régime* de l'étroite-observance.

» eux reglé, fera exécuté provifoirement jufqu'au Chapitre
» prochain ».

On lit également dans le même Chapitre de 1728, page 52, n°. 20 : que les Définiteurs de l'étroite Obfervance s'étant retirés dans leur définitoire particulier, y firent le décret fuivant :

» On ne lira point au Chapitre la premiere partie des
» conftitutions qui traite du régime, *jufqu'à ce qu'elle foit
» approuvée* ».

Depuis 1717, jufqu'en 1773, l'étroite Obfervance paroît avoir vécu, fans fonger à fe faire un régime ; mais à cette époque, les Supérieurs majeurs craignant d'être inquiétés par la Commiffion des Réguliers, firent dreffer un cahier qu'ils préfenterent à M. l'Archevêque de Touloufe & ce Prélat le renvoya au Chapitre de 1774, avec fes notes & apoftilles.

Le Chapitre nomma, pour l'examen du cahier & des notes, D. de la Croix & D. Tirode qui, depuis qu'ils étoient Religieux, faifoient leurs efforts pour procurer un régime à l'étroite obfervance. Ces deux Commiffaires, beaucoup mieux inftruits par la pratique journalière de la règle de Saint-Benoît & des ufages de l'étroite obfervance de Cluny, que ne pouvoit l'être M. de Touloufe qui n'eft ni Moine ni Religieux, furent obligés, de l'avis du Chapitre, de redreffer le plus grand nombre des notes du Prélat, qui peuvent, d'autant moins·, tenir lieu de régime que, fur icelles, il n'y a rien de tiré au net, rien de convenu, rien d'accordé, rien de confenti par tous & un chacun les Religieux qui feuls peuvent interprêter leurs vœux & leurs ferments & qu'enfin rien n'eft revêtu de l'autorité des puiffances.

C'eft ce que ce même D. de la Croix repréfentoit à la diette de 1782. Alors Vifiteur pour la feconde fois, ayant paffé par toutes les charges de la Congrégation, connoiffant les abus, leurs fources, fe préparant, pour les faire ceffer, à convoquer un Chapitre général extraordinaire & à y dreffer définitivement un régime, il fembla d'abord que fon projet n'effuyeroit point d'oppofitions.

Suppreffion des conftitutions de 1717.

C ij

Mais, à cette même diète, D. de la Croix obferva que la Congrégation pêchoit par fes Chapitres mêmes qui, n'étant point conformes aux Bulles pour le nombre des Définiteurs, favorifoient la cabale & mettoient fouvent de mauvais fujets en place ; il obferva que la loi de la vacance devoit être exécutée ; que les Bénéficiers ne pouvoient pas jouir de leurs bénéfices en tout ni en partie : il ne s'en tint pas là, il voulut caffer des Procureurs malverfans, punir des Prieurs qu'il avoit trouvé coupables dans le cours de fa vifite ; il voulut, fur-tout, faire faire le Procès aux Prieur & Procureur de Montdidier accufés par M. l'Evêque d'Amiens, par le Public, par leur Communauté entière, par les regiftres de la maifon, par les ruines de leur Eglife & par celles de leur Monaftère. Cette police inconnue dans l'étroite obfervance, ces punitions inaccoutumées déplurent aux Supérieurs majeurs, quoique tous les autres Religieux y applaudiffent ; ils fe crurent obligés de voir dans le Vifiteur un homme hautain, fuperbe, dangéreux pour leur repos & furtout pour leurs arrangements déjà faits pour le Chapitre prochain de 1784.

Pardeffus tout cela & dans le même temps, D. Bruys Procureur-général de l'ordre venoit de mourir & D. de la Croix étoit unanimement défigné pour fon fucceffeur ; malheureufement pour celui-ci, cette place flattoit infiniment un Religieux qui auroit dû y penfer moins que tout autre, foit à caufe de la place qu'il a occupée, de la confidération dont il jouit en conféquence, qu'à caufe de fa caducité & du repos que l'on doit naturellement défirer à fon âge : toutes ces circonftances réunies aux yeux de D. le Moyne, Supérieur général & de D. Courtin fon affiftant, ancien Supérieur général, les ont engagés à furprendre la religion de M. l'Abbé de Cluny qui, comptant expulfer un brouillon, un mauvais Religieux, a obtenu une Lettre de cachet en vertu de laquelle le Vifiteur fe trouve aujourd'hui exilé à Paray-le-Monial (1), dans l'impoffibilité d'affifter au prochain Chapitre, s'y oppofer à

____

(1) Il a depuis été préfenté à M. le Cardinal une Requête fignée de plus des trois-quarts des Religieux de la Congrégation, reclamants leur Vifiteur.

la cabale & propofer une loi. Perfonne depuis ce temps,
n'ofe parler de régime; tout tremble devant ceux qui ont fur-
pris M. l'Abbé, & les Religieux vont continuer d'être forcés
de vivre fuivant le caprice de leurs Supérieurs qui ne s'en-
nuyeront jamais de faire la loi & de n'en point avoir.

On peut donc, d'après tous les faits ci-deffus, dire avec
toute la fécurité poffible, que l'étroite obfervance a tou-
iours été & qu'elle eft fans ftatuts, fans conftitutions, fans
régime; que, comme elle ne peut pas fubfifter dans cet état,
c'eft le cas d'en interjetter appel comme d'abus, & de demander que M. l'Abbé foit tenu d'indiquer un Chapitre général
extraordinaire; y mander ou faire mander, par qui il appar-
tiendra, tous les Prieurs de l'étroite obfervance, enfemble un
Religieux fondé de la Procuration de chacune Communauté,
pour, par eux, travailler à rédiger leurs ftatuts & conftitutions, enfuite les faire revêtir des fceaux des deux autorités.

§. II.

Quels doivent être les Statuts & Conftitutions de l'étroite Obfervance.

L'étroite Obfervance eft la réforme de l'ancien Ordre de
Cluny. La réforme d'un Ordre n'en eft point le bouleverfement, l'anéantiffement; c'eft au contraire, le rappel des Religieux relâchés à l'efprit de fes fondateurs, aux obligations des premiers Religieux de l'ordre, leurs devanciers; c'eft la renonciation, non-feulement aux abus qui fe font introduits, mais même aux adouciffements & mitigations que l'ufage & le temps ont établis; c'eft enfin la régénération de l'ordre rendu à fes premiers jours & à fes premiers ftatuts.

S'il n'en étoit pas ainfi, la réforme feroit un nouvel
ordre; or l'étroite obfervance n'a jamais prétendu & ne prétend point être un nouvel ordre; elle doit donc n'avoir pas d'autres ftatuts, d'autres conftiturions que les anciens ftatuts, que les anciennes conftitutions de Cluny. Ecoutons fes pères, fes auteurs la définir; écoutons-la fe définir elle-même.

Le Cardinal de Guize, dans fon règlement du 19 Mai
1621, confirmé par lettres-patentes du 3 Juillet fuivant,

duement enregiftrées, permet à D. d'Arbouze, grand prieur & à ceux de l'abbaye & ordre de Cluny qui voudront fe joindre, *de vivre en laditte Abbaye de Cluny en l'obfervance étroite & ponctuelle de la règle de Saint-Benoît & anciens ftatuts de l'ordre.*

Comme ce règlement & ces lettres-patentes font les premieres pierres de l'édifice de la réforme, il faudroit aujourd'hui en fapper les fondements, pour difpenfer l'étroite-obfervance de ces anciens ftatuts auxquels elle a été fpécialement vouée & auxquels elle ne peut ni ne doit déroger.

Dans un Mémoire imprimé en 1767, contre D. Defpaleines, page 11, le fupérieur vicaire-général & le procureur-général de l'étroite-obfervance fe demandoient, *qu'eft-ce qu'un religieux de l'étroite-obfervance ?* & conformes à ce que le cardinal de Guize en avoit dit en 1621; ils fe répondoient ingénuement : *c'eft un religieux qui s'eft engagé à l'obfervance étroite & ponctuelle de la règle de S. Benoît & des anciens ftatuts de l'ordre de Cluny; ce font les termes du titre conftitutif de la réforme revêtu de lettres-patentes enregiftrées en la Cour.*

Page 49 du même Mémoire, ils difoient, avec la même franchife : *la réforme de Cluny, ainfi que l'exprime fon titre primitif, eft un retour aux règles primitives.*

Page 55 *ibid. L'obfervance exacte & ponctuelle de la règle de Saint-Benoît & des anciens ftatuts de l'ordre de Cluny : telle eft la loi particuliere de l'étroite-obfervance, de cet ordre autorifé par les lettres-patentes de 1621 enregiftrées en la Cour.*

Auffi le premier ferment, lorsde l'émiffion des vœux que font les religieux de l'étroite-obfervance eft-il conçu en ces termes :

Promitto ftabilitatem, converfionem morum meorum & obedientiam fecundum regulam S. Benedicti & ftatuta ftrictæ obfervantiæ ordinis Cluniacenfis fub ordine Cluniacenfi.

Il eft vrai que par un fecond ferment que le religieux fait immédiatement après celui ci-deffus, il explique ces mots *fub ordine Clunianenfi* ; mais il ne prononce rien qui tende à l'exempter de la jurifdiction de l'Abbé, de la forme des chapitres généraux déterminée par les Bulles des Papes, rien qui combatte les conftitutions fondamentales de l'ordre de **Cluny** ; & cela eft fi vrai que ces deux ferments joints aux ftatuts anciens de l'ordre, formeroient abfolument tous les règlements dont l'étroite-obfervance a befoin, fi depuis fon établiffement, ces ferments & ces ftatuts n'avoient été interprétés, augmentés, diminués, affoiblis & même en certains cas détruits & abolis. Voici ce que porte le fecond ferment :

Deuxieme ferment de l'étroite-obfervance.

Ne aliqua ambiguitas ex profeſſionis meæ quam jamjam emiſi verbis fuboriatur, per hæc verba SUB ORDINE CLUNIACENSI, *intelligo quod vitam meam & mores meos inpofterum inftituam fecundum regulam S. Benedicti, prout nunc dicta regula obfervatur â patribus ftrictæ obfervantiæ in facra Abbatiá Cluniacenfi.*

Et quelle eft cette manière ? Le religieux dans fon vœu l'explique fur-le-champ, & dit :

Quod nullum officium aut beneficium ecclefiafticum, præfidentiam, Abbatiam, Prioratum, Præpofituram, Adminiftrationem, regimen aut ullum fuperioratis gradum mihi conferri curabo directe vel indirecte per me vel per alium procurari permittam, aut oblatum fufcipiam fine fuperiorum meorum licentiâ ; & quod nullus fuperioritatis, adminiftrationis aut Commiſſionis cujufcumque prolongationem aut perpetuitatem directe vel indirecte mihi procurari permittam aut curabo contra eorumdem fuperiorum meorum voluntatem ; infuper quod de fructibus beneficiorum aut officiorum clauftralium vel penfionum quarumcumque non difponam, fed omni modam eorumdem fructuum difpofitionem penès fuperiores monafteriorum ejufdem obfervantiæ in communem tantùm ufum relinquam. Juro etiam quod numquam confentiam ut aliquis in dictá obfervantiá incorporetur, aut in eadem ad ullum fuperioritatis gradum affumatur, nifi anno novitiatûs expleto & conftiterit mihi de ejus defiderio & voluntate vivendi fecundum prædictam obfervantiam & hoc idem juramentum præftandi ac obfervandi ; in quorum fidem hoc folemne juramentum, &c.

Ainfi les religieux de l'étroite-obfervance ne different des anciens que par leur fecond vœu qui étend leurs obligations.

Par le premier, ils font, comme les Anciens, foumis à la régle de Saint-Benoît, aux Bulles de Grégoire IX, Nicolas IV , Calixte III & aux statuts rédigés sous Jean III ; par le second ils diffèrent des anciens en ce qu'ils promettent de plus , 1°. de ne se procurer ni bénéfice ni supériorité , soit directement soit indirectement ; 2°. de ne les accepter sans la permission de leurs supérieurs ; 3°. de ne se procurer, en aucune manière, la prolongation ni la perpétuité des supériorités ni des offices ; 4°. de ne point jouir de leurs bénéfices dont tout le revenu appartient au régime ; 5°. de ne recevoir dans l'étroite-observance , ou y laisser élever à aucun degré de supériorité, personne qui n'y ait fait un an de noviciat & qui n'ait prouvé le désir de finir ses jours dans l'étroite observance. En admettre davantage , ce seroit aggraver la condition des religieux de la réforme ; ne pas admettre tous ces objèts, ce seroit s'éloigner de l'esprit de la réforme dont l'établissement n'a pas eu d'autre objet que l'observation ponctuelle de la règle de Saint Benoît & des anciens statuts de l'ordre de Cluny que les réformateurs ont seulement entendu corriger en ce qui touche la durée des supériorités, la jouissance des bénéfices & la propriété. Passons à notre troisième objet.

§. III.

Il y a abus dans les définitoires de l'Etroite-Observance. Ces Définitoires doivent être composés de quinze & non pas de sept définiteurs.

Les Bulles de Nicolas IV & Calixte III. sont les pierres fondamentales du régime de l'ordre de Cluny. Une multitude d'Arrêts en ordonne l'exécution, sur la requête même de l'étroite-observance. Ou ces bulles doivent être exécutées en ce qui regarde les Chapitres généraux & définitoires, ou il faut reconnoître que la réforme n'est point l'observance ponctuelle des anciens statuts de l'ordre de Cluny, mais bien un nouvel ordre soumis à d'autres statuts. L'étroite-observance ne soutiendra jamais cette dernière proposition ; voyons donc ce que prescrit la bulle de Nicolas IV, confirmée par Calixte III.

Elle

Elle veut 1°. que les définiteurs foient élus au nombre de quinze par les quinze définiteurs du Chapitre précédent ; 2°. que ces quinze définiteurs foient pris & élus parmi les prieurs ; 3°. qu'ils prêtent ferment de bien & fidèlement s'acquitter des devoirs de leurs charges. C'eft-là l'ancien ftatut de l'ordre de Cluny relativement aux définitoires : c'eft-là, par conféquent, la loi de l'Etroite-Obfervance condamnée à exécuter ces bulles toutes les fois qu'elle a plaidé.

Cependant, voici comment elles s'exécutent :

Le Chapitre général s'affemble : il eft compofé des anciens & des réformés. Les anciens ont huit définiteurs, les réformés n'en ont que fept.

Le définitoire que l'on appelle commun, dans lequel on traite de tout ce qui regarde l'ordre en général, eft compofé de ces huit & fept définiteurs qui font bien quinze, au défir des bulles ; mais, au moment qu'il s'agit de l'élection des fupérieurs & officiers, au moment qu'il s'agit des intérêts de l'adminiftration de chacune obfervance, les huit & fept fe partagent. Les définiteurs anciens, au nombre de huit, forment fur-le-champ un définitoire particulier, & les définiteurs réformés, au nombre de fept, fe retirent & en font tout autant. Chacun nomme à part fes fupérieurs, corrige fes religieux, fait des décrets, adminiftre, &c.

Peut-on dire alors que les Bulles foient exécutées, que chacun définitoire ainfi compofé puiffe remplir *vices Fundatoris & Summi Pontificis* ? Nicolas IV, Calixte III n'ont revêtu de leur autorité fuprême que quinze définiteurs *réunis* ; huit & fept *féparés* n'ont donc point cette autorité, ils ne peuvent donc l'exercer. *Nicolaus Papa quartus*, dit la Bulle confirmative de Calixte III, *ftatuit ut in capitulo generali quindecim autoritate Apoftolicá*, &c. Voilà la loi. elle eft claire, précife, faite exprès pour l'ordre, c'eft la bafe de fon ancien gouvernement que l'Etroite Obfervance s'eft vantée de remettre en vigueur ; elle ne peut donc fe difpenfer de l'exécuter, & en conféquence compofer fon définitoire de quinze définiteurs, au lieu de fept dont le nombre eſt véritablement dangereux , ainſi que nous le ferons voir dans le moment.

Comme les Bulles ci-deſſus ſont préciſes , nous n'allons plus traiter la queſtion dont il s'agit ici , qu'en répondant aux objeƈtions que l'on pourroit faire pour l'Etroite Obſervance.

1°. On dira que la réforme ne fait qu'un corps avec les anciens , qu'elle a le même Chapitre Général , le même Chef , que ſon Supérieur n'eſt que le Vicaire de ce Chef; mais de cela , il n'en réſultera jamais qu'il puiſſe exiſter dans l'Ordre de Cluny un définitoire compoſé de ſept définiteurs. Quand on a le même Chef , le même Chapitre Général , il faut avoir le même définitoire , ou avoir un définitoire conforme aux Statuts généraux , ou avoir un définitoire qui ſoit autoriſé : or , lorſque le Statut général auquel la réforme ſe reconnoît ſoumiſe , comme obſervatrice ponƈtuelle des anciens réglements de l'Ordre de Cluny , ne connoît de définitoire que celui qui eſt compoſé de quinze élus , où eſt le titre qui autoriſe cette même réforme , non pas à tenir un définitoire particulier , (car on nous oppoſeroit les Arrêts de 1705 & 1728) , mais à ne le compoſer que de ſept définiteurs; a-t-il dépendu d'elle d'obéir ou de ne pas obéir aux Bulles ? Si elle a un ſerment différent des Anciens , n'a-t-elle pas au Chapitre de 1676 , promis comme eux de les exécuter , & l'exécution de ces Bulles n'a-t-elle pas été ordonnée toutes les fois que l'occaſion s'en eſt préſentée ?

Au ſurplus , comment ſe peut-il faire que l'on regarde l'Etroite Obſervance comme ne formant qu'un corps avec les anciens ? Elle a des vœux tous différents; au Chapitre de 1676 , elle a accepté tout différemment les Statuts de Jean III , elle a des pratiques toutes différentes , des intérêts qui ne ſont pas les mêmes , puiſqu'elle ſe ſépare des anciens pour en traiter dans un définitoire particulier ; elle ne forme donc pas corps avec l'ancienne Obſervance.

Il eſt vrai qu'il paroît qu'il n'y a qu'un Chapitre Général pour elle & l'ancienne Obſervance; mais les définiteurs reſpectifs ne ſe trouvent enſemble que pour invoquer le Saint-Eſprit avant l'ouverture du Chapitre & pour remercier Dieu, lorſqu'il s'agit de ſa clôture. Eſt-il ouvert ce Chapitre? chacun ſe ſépare, chacun va de ſon côté, ſans admettre dans ſon aſſemblée de huit ou de ſept, l'autre Obſervance; chacun travaille, indépendamment de l'autre, à élire, décréter, réformer & les nominations, décrets & réformes faites par une Obſervance n'ont de commun avec les nominations, décrets & réformations de l'autre que la publication. Eſt-ce ainſi qu'un Chapitre Général eſt commun?

Il eſt vrai encore que les deux Obſervances paroiſſent avoir le même Chef, le même Abbé; mais depuis les Arrêts de 1705 & 1728, l'Abbé a tout au plus l'honorifique, le reſte eſt dévolu réellement au Général de l'Etroite Obſervance qui, ſous la qualité de Vicaire Général de l'Abbé, en remplit toutes les fonctions, ſans que celui-ci puiſſe en connoître ni s'en plaindre. Les définitoires, les diètes ſe tiennent hors la préſence de l'Abbé; il n'entend que la publication de ce que la réforme fait aux Chapitres Généraux; il n'a pas droit de rien critiquer; les Supérieurs ſont élus ſans ſon concours, la diſcipline eſt réglée ſans ſon avis; ſi on lui a laiſſé le droit de donner des inſtitutions, il doit ſavoir qu'il ne peut les refuſer, &c. &c. D'après cela, comment dire que les deux Obſervances ont le même Chef, le même Abbé *quoad effectus;* & comment réclamer un Abbé que l'on ne connoît, ni dans les définitoires, ni dans les élections, ni dans les corrections, ni dans les réformations?

L'Etroite Obſervance, pour ſe ſouſtraire aux Bulles des Papes, & n'avoir que ſept définiteurs, ne peut donc raiſonnablement exciper du Chapitre Général commun, ni du Chef commun, puiſque ces deux objets ne ſont communs que *quoad nomen,* puiſqu'il y a ſéparation *effective* de définitoires; quoiqu'il n'y ait & ne puiſſe y avoir de définitoire valable dans l'Ordre de Cluny que celui qui 'eſt compoſé de quinze élus, & qu'il faille y faire entrer quinze élus aux termes des Bulles, ou convenir que le définitoire eſt ſans autorité, ſans pouvoir, & qu'il eſt nul.

2°. Si l'Etroite Obſervance oppoſoit le pouvoir des Chapitres Généraux & que la ſéparation des définiteurs au nombre de quinze, pris dans les deux Obſervances, a été l'ouvrage du Chapitre de 1678 ; on lui répondroit que les Chapitres Généraux n'exiſtent & n'ont de pouvoir que par les Bulles ci-deſſus citées ; que le Chapitre Général eſt le mandataire du Saint-Siège, mais que *diligenter fines mandati cuſtodiendi ſunt, nam qui exceſſit, aliud quid facere videtur. L. 5, Dig. mandat* ; que le Pape ayant revêtu de ſon autorité quinze perſonnes réunies, aſſemblées & délibérantes dans un ſeul lieu & ſur le même objet, il faut néceſſairement être privé de cette autorité, de ce mandat, renoncer à l'exercer ou être quinze aſſemblés, réunis & délibérants dans le même lieu & ſur le même objet. *Qui quindecim jurent eligere quindecim & hæc forma eligendi definitores ſervetur.*

Au ſurplus, les définiteurs du Chapitre Général de 1678 n'ont jamais pu déroger à la Bulle de Nicolas IV, ni décréter leur ſéparation par Obſervance.

Les définiteurs ſont des Religieux choiſis par le Chapitre Général auxquels ſont confiés tout le pouvoir de l'Ordre ou de la Congrégation. Ils peuvent bien maintenir la diſcipline monaſtique, ſuivant la règle & les conſtitutions, régler les changemens des Supérieurs & des Religieux, reprimer les abus, corriger les fautes & faire les réglemens néceſſaires pour les prévenir ; mais ces mêmes définiteurs ne peuvent toucher ni à la règle ni aux ſtatuts de leur Ordre ou Congrégation. Obligés, par le ſerment ſolemnel qu'ils ont fait, lors de leur profeſſion, & par celui qu'ils font, après leur élection, de ſuivre & maintenir cette règle & ces conſtitutions, de veiller à ce qu'il ne leur ſoit porté aucun atteinte, les réglements qu'ils peuvent faire ne s'éten-

dent qu'à ce qui peut en procurer l'exécution. S'ils entre-
prennent, s'ils ordonnent quelque chofe de contraire à la
règle & aux ftatuts, ils abufent à l'inftant de l'autorité qui
leur eft confiée ; le dernier des Religieux obligé à la règle
& aux conftitutions, obligé à les maintenir par fon ferment
de profeffion, eft partie capable de réclamer contre l'en-
treprife & de la faire réformer, en prenant la voie de l'appel
comme d'abus ; parce que fi la règle & les ftatuts obligent
tous les Membres du Corps Monaftique, cette règle & ces
conftitutions appartiennent à tous ces Membres qui, tous
en général, comme chacun en particulier, peuvent fe plaindre de ce que leur règle, leurs conftitutions font attaquées,
changées ; de ce que les définiteurs ont outrepaffé les bornes
de leurs pouvoirs, en aggravant ou allégeant la condition
des Religieux.

S'il en étoit autrement, les définiteurs feroient des Souverains ; les Ordres Monaftiques n'auroient aucune règle fixe,
aucuns ftatuts déterminés. Toutes les fois que les définiteurs
changeroient & s'affembleroient, le régime pourroit être
altéré, changé, détruit, bouleverfé ; or, l'Ordre entier que
les définiteurs repréfentent, n'a même pas ce pouvoir :
l'Ordre entier rédigera bien fa règle, fes ftatuts ; mais il eft
enfuite obligé de les propofer. Il faut que le Pape les
accepte, que le tout foit revêtu de l'autorité royale. Cela
fait, l'Ordre entier ne peut plus y rien changer, fans s'ex-
pofer à la réclamation du dernier particulier. Expliquons
encore davantage les pouvoirs des définiteurs.

On dit en général que les définiteurs ont le pouvoir de
faire & d'abolir les conftitutions ; mais cette propofition n'eft
pas vraie dans tous les fens. Voy. Van. Efpen part. 1, cap. 1,
n°. 16, 17, 18 & 19, il faut diftinguer.

Si par le mot *conftitution*, on entend la règle & les ftatuts
primitifs, la propofition eft fauffe. Si on entend les réglements qui ne tendent qu'à l'exécution plus parfaite de la
règle & des conftitutions fondamentales, lefquels réglements
font faits fuivant que les temps, les lieux & les circonf-

tances l'exigent ; cette propofition peut être admife avec certaines modifications.

Dans les premiers temps , on ne mettoit point de diffé-rence entre la règle & les conftitutions , *neque nota erant difcrimina inter regulam monafticam & inter conflitutiones Ordinis quæ poftrema ætas invenit quorum hæc præcipua à recentioribus allegantur....* C'eft dans ces derniers temps que l'on a fait cette diftinction.

La première différence fe tire des auteurs des conftitu-tions ; celles qui font comprifes dans la formule de pro-feffion , où établies par les Fondateurs des Ordres , ou établies depuis long-temps par les Evêques, font enten-dues être la règle. *Primum (difcrimen) de umitur à diverfi-tate autorum ; regulæ enim dicuntur quæ à Sanctis Patribus , Ordinum Fundatoribus aut aliquibus Epifcopis jampridem præf-criptæ funt & ipfi profeffionis formulæ folent fub nomine regulæ infcribi.*

L'autre différence comprend les décrets faits en différents temps par les Chapitres Généraux, *conflitutiones verò dicun-tur quæ à capitulis generalibus , aut Ordinum Congregationibus diverfis temporibus emanarunt :* celles-ci ne tendent qu'à main-tenir la difcipline monaftique, fuivant la règle & les conf-titutions fondamentales , réprimer les abus , prévenir le relâchement.

Ainfi la règle ne peut être changée ni altérée, *regula vix ac ne vix quidem mutari folet ;* les conftitutions , au con-traire, peuvent varier, fuivant l'exigence des cas , *conflitu-tiones verò pro temporum & locorum varietate , non rarò mu-tantur* & la raifon de ces différences eft que la régle eft l'objet des vœux, tandis que les conftitutions ne font que les moyens pour parvenir à l'accompliffement des vœux ; que comme le vœu eft invariable, la règle ne doit pouvoir changer ; que, néanmoins, comme il peut fe trouver des empêchements, des difficultés à l'exécution du vœu, il faut néceffairement faire plier les conftitutions pour parvenir à cette exécution.

Cela pofé, dans quelle claffe doit-on placer l'obligation de l'ordre de Cluny de nommer quinze Définiteurs pour former un définitoire valable? N'eft-ce pas dans la claffe de la règle, puifque les Bulles des Papes en ont fait la loi, puifque cette loi fait partie des anciens Statuts de l'ordre? Si l'étroite-obfervance eft de l'ordre dé Cluny, foumife aux Bulles des Papes, aux anciens Statuts de cet ordre, comment pourroit-elle prétendre qu'elle ne doit pas élire quinze Définiteurs pour fon définitoire particulier, pour pouvoir décider & prononcer valablement fur les affaires qui la concernent? *Qui quindecim jurent eligere quindecim*; point d'élection valable de Définiteurs, fi les électeurs ne font Définiteurs, au nombre de quinze, & fi les élus pris parmi les Prieurs ou Abbés ne font au nombre de quinze. Il eft impoffible que l'étroite-obfervance réponde à cette Bulle.

3°. En répétant une partie du préambule du Chapitre de 1708, on pourra oppofer que, depuis qu'il s'eft formé deux obfervances dans l'ordre, on ne peut plus fuivre en tout l'ancienne forme réglée par les Bulles ; qu'il faut néceffairement que chaque obfervance fe règle elle-même par fes Définiteurs particuliers ; qu'autrement les pratiques de l'étroite-obfervance tomberoient, fa difcipline régulière cefferoit, &c. On répond à cela :

Troifième Objection tirée de la néceffité d'un définitoire particulier.

Si l'étroite-obfervance croit qu'elle ne peut exécuter les Bulles des Papes faites anciennement pour l'ordre de Cluny, pourquoi dit-elle qu'elle eft l'obfervatrice ponctuelle des anciens Statuts de cet ordre? Pourquoi, faifant profeffion de ces Statuts, n'a-t-elle pas obtenu de nouvelles Bulles qui, à fon égard, détruififfent les anciennes, & lui permiffent les écarts qu'elle prétend lui être néceffaires ? A-t-elle pu ignorer qu'en s'éloignant de la forme de tenir fon définitoire, elle s'écartoit du principal point des Statuts de l'ordre de Cluny ; que dès-lors elle formoit un ordre nouveau, tandis que, depuis le quatrième Concile de

Réponfes.

Latran tenu en 1215 , il ne peut s'établir d'ordre nouveau sans le consentement exprès du Saint-Siège. *Ne nimia Religionum diversitas gravem in Ecclesiam Dei confusionem inducat , firmiter prohibemus ne quis de cætero novam Religionem inveniat ; sed quicumque ad Religionem converti voluerit , unam de approbatis assumat. Similiter qui voluerit Religiosam domum de novo fundare regulam & institutionem, accipiat de approbatis. Innocent. III , in Concil. Later. cap. ne nimia extra de Religios. dom ?*

Disons ce qui en est ; l'étroite - observance a fait tous ses efforts à cet égard, elle n'a rien épargné pour obtenir l'approbation des changemens par elle faits à l'ancienne règle , aux anciens Statuts ; mais le Saint-Siège tenant aux réglemens ci-dessus , n'a rien voulu lui accorder. La sagesse de la Bulle de Nicolas IV , reconnue par Calixte III , l'a été également par Alexandre VII & Innocent XII. Tous ces Papes ont également voulu que ce que l'on qualifieroit de définitoire dans l'ordre de Cluny, dans l'étroite-observance même, fût composé de quinze Définiteurs élus par les quinze Définiteurs du Chapitre précédent : de-là ces Brefs adressés aux Cardinaux Mazarin & de Bouillon & à M. l'Abbé d'Auvergne , où , comme Abbés de Cluny , il leur est enjoint de supprimer les constitutions que la réforme avoit présentées au Saint-Siège pour être agréées , approuvées ; *tollere cures.*

Au surplus , il est faux que l'exécution des Bulles sur le nombre de quinze Définiteurs soit impossible à l'étroite-observance ; il paroît au contraire qu'avec un peu de bonne volonté , il n'y a rien de plus aisé que cette exécution qui peut avoir lieu de deux manières.

La première est , au premier Chapitre général auquel seront appellés tous les Prieurs, ainsi qu'un député de chaque Communauté , d'élire quinze Définiteurs , conformément aux Bulles & de n'envoyer que sept élus dans ces quinze au définitoire commun ou des deux observances. Ces sept avec les huit des anciens , formeront les quinze comme ils

les

les forment aujourd'hui & tant le Chapitre que le définitoire, feront valables.

L'autre manière eft d'en agir avec l'ancienne obfervance
de Cluny, comme les réformés de Cîteaux en agiffent avec
les non-réformés. Pour ces deux obfervances, il n'y a qu'un
définitoire commun; toutes les affaires fe traitent en commun & l'on ne voit pas que la réforme ait rien perdu de
la régularité de fes pratiques particulières, pour ne s'être
pas créé un définitoire particulier, pour n'avoir pas caché
fes affaires particulières aux non-réformés.

4°. Si l'on oppofoit que les Arrêts de 1705 & 1728 au-
torifent l'étroite-obfervance à avoir un définitoire particulier; on répondra que le fait eft vrai; mais que ces Arrêts
rappellent les Bulles ci-deffus citées, qu'ils en ordonnent
l'exécution; que ces Arrêts, en permettant le définitoire
particulier, ne décident point de combien de Définiteurs
il fera compofé; que, puifque l'exécution des Bulles eft
ordonnée, on ne peut s'empêcher d'en conclure que ces
Arrêts jugent implicitement que ce définitoire fera compofé
conformément à ces Bulles & par conféquent de quinze
Définiteurs.

Quatrième Ob-
jection tirée des
Arrêts de 1705 &
1728.

5°. Si l'on difoit que les élections féparées & les opérations des fept Définiteurs font rapportées au définitoire
commun qui les approuve, les confirme & les fait procla-
mer; on répondroit que ce rapport, cette approbation,
cette confirmation eft un abus de plus, ou une continuation
d'abus. Il eft, en effet, du bon fens de croire que les Définiteurs, en général, ne doivent approuver en commun que
ce qu'ils ont fait en commun, que ce dont ils connoiffent
les raifons & les motifs.

Or, les définitoires de huit & fept étant particuliers à
chacune obfervance, les affaires d'une obfervance étant
étrangères, inconnues & même cachées à l'autre, les Religieux des deux obfervances ne s'entre-connoiffant pas, ne
s'étant jamais vus, comment peut-on dire raifonnablement,

Cinquième Ob-
jection tirée du
rapport au défini-
toire commun &
publication com-
mune.

E

dans le fait, & abstraction faite de tout droit, que les huit Définiteurs des anciens approuvent & confirment les définitions des sept réformés *& viciſſim* ?

6°. Enfin, la réforme voudra-t-elle s'appuyer ſur l'uſage & la poſſeſſion ? L'uſage en ce cas eſt un abus ; la poſſeſſion ne couvre point l'abus : un ordre, une congrégation ne peut preſcrire contre ſa règle *qui perpetuo clamat*, que l'on renouvelle à chaque inſtant par des profeſſions. Cet ordre, cette congrégation preſcriroit contre ſon exiſtence, puiſqu'il n'eſt ordre & n'exiſte qu'à cauſe de ſa règle, en ſa règle & par ſa règle. L'uſage & la poſſeſſion ne ſont donc pas propoſables dans la circonſtance préſente : terminons par expoſer les inconvéniens qui peuvent réſulter & réſultent même actuellement de ce que le définitoire de l'étroite-obſervance n'eſt compoſé que de ſept Définiteurs : nous nous tairons ſur bien des faits que la néceſſité abſolue doit faire révéler.

Sept Définiteurs compoſent le définitoire où tout ſe règle à la pluralité des voix ; quatre Définiteurs font par conſéquent la loi à toute l'étroite-obſervance.

Qu'un ambitieux s'aſſocie à trois autres, ils ſont dans l'inſtant ſûrs de l'exécution de tous leurs projets. ils n'ont qu'à nommer Définiteurs quatre de leurs créatures & ſur le champ la perpétuité des charges, ou l'effet de la perpétuité des charges, ce qui eſt la même choſe, eſt établi. Ces charges ſe trouvent renfermées dans le cercle étroit de huit à dix perſonnes : de-là l'éloignement de tous les bons ſujets qui, fidèles à leur ſerment, craignent plus les emplois qu'ils ne les déſirent ; de-là l'avancement des intriguans, des cabaleurs ; de-là l'anéantiſſement de l'eſprit d'obéiſſance & d'humilité dans les Supérieurs ; de-là l'empire deſpotique ſur des Religieux ſouvent manquant du néceſſaire, preſque toujours tourmentés, ſoumis en apparence, déteſtant au fond du cœur leurs tyrans & enfin obligés d'éclater, au grand ſcandale de la religion & du public ; de-là les maiſons

ruinées de fond en comble par les Prieurs fûrs de l'impu-
nité ; de-là enfin le filence du premier Supérieur de l'ordre,
qui, ne devant fon élévation qu'à la violence faite à la
règle, qu'à l'intrigue, qu'à fes amis qui ont droit à fa re-
connoiffance, refufe de fe fervir de fon autorité, cherche
à juftifier le coupable, tâche de trouver des tempéramens,
gagne du temps, & ne punit jamais que l'innocent Religieux qui a ofé élever la voix : pour celui-ci feul eft faite
la règle, & c'eft un crime pour lui de la réclamer contre
les autres ; s'il fe plaint d'un Prieur, c'eft au même inftant
un mauvais fujet ; on lui fait tenir toutes les maifons de
l'ordre, il ne convient plus à aucun Prieur qui a grand foin
de s'en défaire le plutôt poffible.

L'origine de l'affaire préfente nous fournit un exemple
frappant de tous ces inconvéniens & cet exemple peut
être mis au nombre des moyens qui militent pour obliger
l'étroite-obfervance à nommer quinze Définiteurs.

Le Supérieur Vicaire général actuel, a été proclamé
contre la loi de la vacance, fondamentale, faifant partie de
la règle de l'étroite-obfervance, puifqu'elle fait partie du
fecond ferment de fes Religieux. *Superioritatis..... cujufcumque prolongationem aut perpetuitatem directè vel indirectè
mihi procurari permittam.* Ce Supérieur, contre ce ferment
& contre un décret de la diette de 1721, étoit depuis fept
ans Prieur de S. Martin-des-Champs ; c'étoit bien le cas,
pour lui, de vaquer au moins deux ans avant que de pouvoir poffèder aucune charge, aucun emploi dans l'ordre.

Cependant, un parti s'eft formé & quatre contre trois
ont foulé, avec lui, aux pieds & le ferment & la diette,
& la loi de la vacance ; de manière qu'au Chapitre de 1781
D. le Moyne a paffé, fans interſtice, d'une priorature de
fept ans au Généralat. Des Religieux fe font plaints, il a
plu des obédiences, *vifum eft patribus* : vous êtes des efprits
inquiets & de mauvais fujets ; voilà toute la réponfe qu'ils
paroiffent avoir reçue.

Mais, depuis l'inftitution de ce Général, un Prieur a abufé
de fa place : de concert avec fon Procureur, il a ruiné fa

maifon. Plaintes de M. l'Evêque d'Amiens, du public, de la Communauté, du Procureur Général de l'Ordre ; le Général fait informer ; l'information concluante eft foutenue des regiftres de la Communauté ; il y a preuve d'inconduite, fcandale, mauvaife adminiftration & déprédation : on croit d'abord que, le Procureur ayant été expulfé de la Maifon, le Prieur va être dépofé, au moins fufpendu jufqu'au prochain Chapitre Général ; rien de tout cela.

Ce Prieur menace le Général ; il lui écrit qu'il eft un intrus, qu'il va interjetter appel comme d'abus de fon élection faite contre la Loi de la vacance & pour éviter une conteftation auffi défagréable, le Général parlemente. Il obtient bien du Prieur qu'il ne rappellera pas fon Procureur à qui la Diete a donné une obédience ; mais il eft obligé de lui accorder 1°. que les plaintes de l'Evêque, du public, de la Communauté & du Procureur Général, avec l'information, refteront fans jugement ; 2°. que toute fa Communauté fera expulfée *ufque ad unum*, & que lui, Prieur, choifira les fujets qui lui conviendront ; 3°. que lui, Prieur, prendra pour Procureur un Religieux caffé au dernier Chapitre, un Religieux que ni la Diete ni le Général lui-même, n'avoient pas encore voulu réhabiliter & tout cela a été fcrupuleufement exécuté de la part de D. le Moyne.

Ce n'eft pas tout, comme l'ancien Procureur n'avoit plus rien à faire dans la Maifon ruinée, il s'eft fort peu embarraffé d'y retourner remplir les mêmes fonctions (car il l'eût obtenu s'il l'avoit défiré) mais il a fait la loi d'une autre façon : au lieu de fe rendre, *rectá viá*, au Monaftère que lui indiquoit l'obédience à lui décernée par la Diete, il eft venu à Paris, s'y eft cantonné rue Montmartre, à l'hôtel d'Angleterre, y a demeuré près de trois mois, & y a tranquillement fait pour 3600 liv. de dépenfe, que le Procureur-Général a payées, fans difficulté, fur le mémoire qui lui en a été repréfenté. Eft-ce-là un abus ? Et qui l'a occafionné ? C'eft évidemment la terreur du Général prêt à être attaqué dans fon élection ; il eft forcé de fermer les yeux fur la conduite de ceux qui l'ont élu ; il ne peut les ouvrir fur la conduite de ceux qui veulent bien ne pas attaquer fon élection. Et que devient l'Etroite Obfervance fous un pareil Gouvernement ? Le voici ; il nous paroît que l'on peut compter fur les mémoires que l'on nous a fournis.

Le Général eft un intrus par fon premier Affiftant, qui ne l'a fait élire que dans l'efpérance de lui fuccéder ; le premier vifiteur eft exilé à Paray - le - Monial par lettre de cachet, follicitée ouvertement par le Général & l'Affiftant, dont il traverfoit les arrangements ; le deuxième vifiteur ne veut recevoir, lors de fes vifites, les plaintes d'aucun Religieux ; le Procureur Général regarde tranquillement ce qui fe paffe, donne de l'argent aux Bénéficiers, fupérieurs majeurs, qu'il craint, ou dont il efpère quelque chofe, paie les dépenfes que les Religieux font dans les auberges, fans rendre plainte contre ces Religieux & le réfultat de ce tableau qui git en faits conftants eft que, chacun ne penfant plus qu'à foi, les Prieurs ruinent, les Procureurs pillent, les Maifons fe détruifent & les Religieux manquent de tout.

Si ceux-ci demandent le veftiaire, on leur répond que la Maifon eft fans argent ; cependant ils voient le Prieur rouler dans une voiture à un, deux & trois chevaux, recevoir compagnie, jouer, faire des parties, exécuter des voyages, mettre fur pied une demi - livrée qu'il a été fix mois à compofer ; comment ces Religieux pourroient - ils croire que la Maifon eft fans argent ? Encore fi les faits que nous citons ici étoient les feuls ; mais combien d'autres de tous les genres, de toutes les efpèces ! Cependant nous ne dirons rien de plus, nous fuffifant de faire entrevoir la fageffe des Bulles, qui veulent que les définitoires foient compofés de quinze, le danger qu'il y a à ce qu'ils ne foient compofés que de fept, & le déplorable réfultat des opérations de quatre contre trois.

§. IV.

Abus dans l'élection du Général actuel, abstraction faite de ce qu'il n'a été nommé que par sept définiteurs.

Chez les anciens, on ne connoît point la loi de la vacance. Les Prieurs y sont perpétuables, sinon perpétuels: on les dépose s'ils abusent, où quand ils sont dans les cas exprimés dans les statuts; si on ne veut pas les déposer, on en nomme d'autres.

Chez les réformés, au contraire, la vacance a lieu : ils tiennent cette vacance des Congrégations de St. Vannes & de St. Maur, dont les Religieux furent autrefois les conseils de D. Darbouze.

Comme l'Etroite Observance n'a pas encore de statuts, nous ne rappellerons ici que l'usage, la diete, le sérment, le Jugement qui l'établit & en fait une loi irréfragable.

Usage. L'usage de l'Etroite Observance est que le Religieux qui a été Prieur pendant trois ans, ne peut être continué que pour trois autres années; que ces trois dernières années étant écoulées, il doit demeurer trois ans sans pouvoir remplir aucune Charge dans l'Ordre. Le but de cet usage est d'empêcher les Supérieurs de perdre l'esprit d'humilité, d'obéissance dont le cœur humain est toujours & par préférence, disposé à se défaire.

Cet usage est consacré dans l'Etroite Observance par le témoignage unanime de tous les Religieux, par le défaut d'exemple que depuis 1621 la vacance n'ait pas été observée, par le témoignage même de D. le Moyne qui, suivant les mémoires fournis, n'a pu s'empêcher de le reconnoître.

Diete. Si cela ne suffisoit pas, on n'auroit qu'à consulter la Diette de 1721, tenant lieu du Chapitre remis par ordre du Roi, & on y liroit :

Declaramus Priores claustrales per sex annos posse conservari, illudque sex annorum tempus computandum ab eo quo

39

inflituti fuerint Priores vel à capitulo generali, vel à Diætâ;
ainsi, premier abus dans le temps qu'a duré la priorature
de D. le Moyne : elle ne devoit être que de six ans, il
il a été Prieur pendant sept.

La même Diete ajoute : *Idem cenfemus de eo qui ad di-
gnitatem Superioris Vicarii Generalis promotus fuerit, ut scilicet
post sex annos five in Superioris Generalis, five in Prioris
dignitate tranfactos vacare debeat,* c'est-à-dire que tout Religieux ne peut être en Charge que pendant six ans consé-
cutifs ; que le Religieux qui est Prieur depuis un an, deux
ans ou trois ans , peut bien paffer au Généralat pour
le furplus du temps qui complettera fes six ans ; mais
qu'auffitôt que ces fix ans font révolus, le Religieux ne
peut être ni Prieur ni Général ; que s'il est l'un ou l'autre,
on doit lui donner un fuccefleur, & lui, devenir fimple
Religieux.

C'est auffi ce que porte le fecond ferment que l'on fait
faire dans l'Etroite Obfervance : *Quod nulius fuperioritatis
prolongationem aut perpetuitatem directé vel indirecté mihi
procurari permittam.*

C'est auffi la difpofition de l'article 3 du jugement des
Commiffaires députés par le Roi, du 26 Octobre 1748.
*Les Religieux de l'étroite obfervance qui auront été Supérieurs
pendant trois ans , ne pourront être continués qu'une feule
fois, après lefdites trois années & demeureront enfuite deux
ans, au moins, fans avoir aucunes charges dans aucun des
Monaftères de l'étroite obfervance, excepté celle de Souprieur,
de Maître des Novices ou autres charges inférieures.*

D. Le Moine, Supérieur général actuel, ayant été fept
ans Prieur avant que d'être élevé à la première dignité
de l'Ordre, n'est donc évidemment parvenu à cette dignité qu'au mépris de fon ferment, de la diete de 1721,
du jugement de 1748, de la règle même de l'étroite obfervance. Il y a donc abus dans fon Election.

§. V.

Si le Supérieur Vicaire-Général actuel, même élu canoniquement peut, quand bon lui semble, donner des obédiences aux Religieux de l'étroite observance.

En ce qui touche les obédiences que les Supérieurs Majeurs de l'étroite observance de Cluny peuvent donner à leurs Religieux, il faut d'abord consulter le Chapitre général de 1676. C'est le premier règlement que les Réformés puissent présenter à cet égard. Or, page 7 de l'imprimé françois de ce Chapitre, art. 4, on lit :

Chapitre 1676.

« Les Religieux de l'une & l'autre observance ne pour-
» ront être tirés de leurs Monastères, s'il n'y a une cause
» légitime qui regarde la *nécessité ou l'utilité de l'Ordre*;
» & en cas que les Supérieurs ou Visiteurs en abusent
» & que les Supérieurs Majeurs ne leur fassent pas rai-
» son sur les plaintes qu'ils en porteront devant eux, il
» y sera pourvu par le Chapitre général ».

Sur quoi il faut observer que tout Chapitre général étant tenu par les Définiteurs, amis des Supérieurs Majeurs, par quatre contre trois, ce ne doit pas être une grande ressource pour les plaignants.

Chapitre 1693, 1728.

Au Chapitre de 1693, il fut fait pour les deux observances un décret confirmé par le Chapitre de 1728, conçu en ces termes :

Professio Religiosa deinceps in toto Ordine pro singulis Monasteriis emittetur sub obedientiá Superiorum à quorum obedientiá sub eo prætextu se se subtrahere non poterunt sed Superioribus Majoribus aut Visitatoribus, sine contradictione, obtemperabunt, cum ipsis utile aut necessarium visum fuerit eos mittere in alia Monasteria, in eádem provinciá, aut etiam extrà eamdem provinciam, cum Abbates Cluniacenses aut Capitula Generalia sic duxerint de iis disponendum.

Arrêt 1705.

L'Arrêt de 1705 veut qu'il ne soit fait changement de Religieux particuliers, que dans les cas mentionnés aux

Chapitres

Chapitres généraux des années 1676 , & 1693.

La diete de 1722, porte que les changements des Reli-gieux qui feront *néceffaires*, fe feront par les Révérends Pères du régime, de *l'autorité de la diete*.

Diete 1722.

Enfin le jugement des Commiffaires du Roi, en date du 26 Octobre 1748 , ordonne, art. 6, que *les Religieux de l'étroite obfervance, ne pourront être changés d'un monaftère à un autre* QU'EN CAS DE NÉCESSITÉ OU UTILITÉ *de ladite Con-grégation, fauf à être pourvu par le Chapitre général fur les plaintes qui pourront y être portées à ce fujet par lefdits Re-ligieux.*

Pour que le Supérieur Vicaire - Général puiffe donner une obédience à un Religieux, il faut donc, dans l'étroite obfervance, néceffairement de deux chofes l'une, ou qu'il y ait *néceffité*, ou qu'il y ait *utilité* pour la Congrégation.

La néceffité peut être de plufieurs efpèces : l'inconduite du Religieux, le trouble qu'il porte dans une maifon, l'antipathie qui fe trouve dans certains Sujets, &c.

L'utilité de l'Ordre peut fe rencontrer lorfqu'un Reli-gieux eft capable d'enfeigner, d'adminiftrer, diriger, prê-cher &c., & dans ces cas, il n'y auroit pas de raifon à refufer aux Supérieurs majeurs le droit de faire violence à un Religieux qui enfouit fes talents ou tourmente fes Confrères.

Mais il n'en eft pas de même, lorfque, comme dans l'af-faire des Confultants, le Supérieur général s'avife d'ex-pulfer une Communauté entière contre laquelle il n'y a aucune plainte & cela pour capter le filence d'un Prieur contre lequel tous fes Religieux, l'Evêque & le Public fe font élevés ; contre lequel il y a plainte rendue par l'Evê-que, le Public, les Religieux & le Procureur-Général de l'Ordre ; contre lequel il y a une information faite que l'on prétend concluante, avec une diffipation & une dépréda-tion démontrées d'après les regiftres de la Maifon. Expul-fer, en ce cas, une Communauté entière, fans forme ni figure de Procès, non-feulement c'eft un abus ; mais c'eft le comble de l'injuftice, c'eft ouvertement époufer les intérêts du

F.

Prieur, fe déclarer fon homme, fon champion & le ven-
ger tout coupable qu'il eft.

Quelle utilité peut-il y avoir eu à chaffer des Religieux
qui, conjointement avec l'Evêque & le Public fe récrioient
contre l'inconduite, fcandale, mauvaife adminiftration
& déprédation d'un Prieur? S'il y a eu néceffité, ça été
de vérifier les plaintes, de les juger. Jufques-là leur expul-
fion eft non-feulement abufive, injufte; mais elle eft inju-
rieufe, diffamante aux yeux du Public, deshonoranre pour
l'étroite obfervance dont les Supérieurs majeurs femblent
n'agir que pour punir l'innocent des crimes du coupable.

§. V I.

*Si, lors que les Religieux de l'étroite Obfervance font
expulfés d'une Maifon, ils font recevables à pourfuivre le
jugement de la plainte qu'ils ont rendue auparavant contre
le Prieur de cette même Maifon.*

CET article s'expédie en deux mots : dès qu'on a eu intérêt, droit & qualité pour rendre plainte, on ne peut ne
pas les avoir pour en pourfuivre le jugement, parce que la
plainte emporte, de droit, fon jugement.

Le Public eft toujours intéreffé à la plainte, de manière que
quand le plaignant ne pourfuit pas, le miniftère public doit
lui-même la faire juger, fur-tout quand le cas eft grave. Or,
telle eft pofitivement la nature de la plainte rendue contre
le Prieur de Montdidier ; elle a pour objet l'inconduite, le
fcandale, la mauvaife adminiftration & la déprédation ; elle
exige, par conféquent, un jugement de condamnation ou
d'abfolution, quand même les plaignants fe réfoudroient
à un défiftement.

Penfer que le Religieux changé de Maifon n'a pas droit
de pourfuivre la plainte qu'il a rendue, tandis qu'il y demeuroit, ce feroit reconnoître qu'il dépendroit du Supérieur majeur, avec une obédience, d'ôter à un Religieux
l'intérêt, le droit & la qualité que ce Religieux a réelle-

ment, que le Supérieur majeur lui a reconnus en recevant fa plainte, & en faifant informer fur icelle; or, c'eft là une abfurdité.

Au furplus, tous les Monaftères de l'étroite obfervance ne forment qu'une Maifon, qu'une feule Famille. Chaque Religieux a droit à tous ces Monaftères. Chacun d'eux eft cenfé les habiter, c'eft ce que l'étroite obfervance repréfenta elle-même au Chapitre de 1728, fur le décret *profeffio Religiofa*, quand elle dit : *quibus diligenter perpenfis & attento ff. Patrum noftrorum vulgari effato,* ORDO *Cluniacenfis unum Monafterium*; dès-lors, le Réformé étant de toutes les Maifons, a droit, quelque part qu'il fe trouve, de fe plaindre de la dilapidation de la Maifon qu'il habite, comme de la dilapidation de celle qu'il n'habite pas & encore bien mieux, le droit de pourfuivre fa plainte jufqu'à jugement définitif, lorfque fa plainte a été rendue pendant qu'il demeuroit dans la Maifon dilapidée, & que l'on ne l'a tiré vifiblement de cette Maifon, que pour lui empêcher de voir la continuation de la dilapidation, & la continuation des déportements du Prieur accufé. Peut-être n'en feroit-il pas de même chez les Anciens; auffi le décret, *profeffio Religiofa*, eft-il l'une des différences qui exifte entre les deux obfervances, par la manière dont chacune a déclaré au Chapitre de 1728 qu'elle l'entendoit.

§. VII.

De la nomination & geftion des Procureurs des Maifons de l'étroite Obfervance.

LES qualités d'un Procureur de Maifon fe trouvent écrites & détaillées dans la règle de Saint Benoît, chapitre 31. Entr'autres chofes on y lit : *conftituatur five ordinetur à Superiore, de confilio feniorum, unus è Monachis conventûs in Procuratorem feu receptorem généralem qui omnes reditus recipiat ; fitque arca in quâ omnes pecunias undecumque provenientes reponantur. Prædicta arca tribus obferetur clavibus*

Nomination, coffre commun.

F ij

*quarum una fit penes Superiorem, fecundam ipfe Procurator,
tertiam unus de fenioribus habeat.*

Ainfi la nomination du Procureur par le Prieur & les
Senieurs, le coffre & les trois clefs, tout cela eft donc de
règle ; auffi eft-il répété par les Chapitres de 1676, 1714
& 1717. Cependant, comme, fuivant la diete du 9 Novembre 1713, il eft dit qu'on ne *nommera deux Senieurs*
que dans les Maifons de huit à dix Religieux & comme les
trois quarts des Maifons de l'étroite obfervance font aujourd'hui au-deffous de ce nombre ; c'eft donc tant par le
Prieur que par la Communauté que le Procureur doit être
nommé dans ces Maifons qui n'ont pas droit d'avoir des
Senieurs. Il feroit abfurde, en effet, de penfer que la règle
ayant refufé au Prieur de nommer feul le Procureur, lui a
accordé ce droit quand il n'y auroit pas de Senieurs. On
fent trop le danger d'une pareille propofition, pour que
nous nous y arrêtions autrement que pour citer l'article 5
du jugement de 1748, qui, conforme à la règle & aux
Chapitres ci-deffus dit dans prefque les mêmes termes :

Arrêt 1748.

« Les Céleriers, Procureurs ou autres Religieux pré-
» pofés pour veiller à l'adminiftration du temporel de cha-
» que Communauté, feront nommés, à la pluralité des voix,
» par le Prieur & les anciens ou Senieurs de ladite Commu-
» nauté, & ne pourront lefdits Prieurs & Procureurs paf-
» fer aucuns baux, ni faire aucuns emprunts que par déli-
» bération de toute la Communauté ».

Baux, emprunts.

Si les Procureurs nommés fe trouvent incapables, *& fi ju-
venti fuerint Procuratores muneri recté obeundo impares ac bona
dilapidaffe, compertá ac plenè perfpectâ veritate, à Priore,
confilio feniorum, deftituatur.* Diete de 1708 ; celle 1715,
& le Chapitre de 1781 fourniffent des exemples de ces
deftitutions.

Procureurs incapables.

Le Procureur d'une Maifon ne peut emprunter, fe char-
ger de dépôts, traiter des lods & ventes, enfaifiner, recevoir des pots-de-vin, affermer, fans l'avis du Prieur &
le confentement de toute la Communauté. Dietes 1721,
& 1722.

Emprunts, dépôts, lots & ventes, enfaifinements, pots-de-vin, baux.

La règle, pages 108 & 110, veut que le Procureur ait un inventaire de tout ce qui lui est confié pour le remettre à son Successeur, & que le Prieur ait copie de cet inventaire.

La même règle page 104, les dietes de 1716, 1721, 1722, ainsi que le Chapitre général de 1765, ordonnent que les Prieurs se feront apporter par les Procureurs ou Céleriers la feuille journalière de la dépense, tous les mois, & même toutes les femaines s'ils le jugent à propos ; laquelle feuille sera arrêtée & paraphée par lesdits Prieurs, conformément aux constitutions sur le chap. 31 de la règle ; que tous les feuillets du livre journal du Procureur seront paraphés & numérotés par le Prieur qui, faute d'avoir fait le paraphe, deviendra responsable de la mauvaise administration, si aucune se trouve.

Le Chapitre de 1765 ordonne encore que tous les pots-de-vin seront mis & énoncés dans les livres de recette, & qu'il en sera rendu compte comme des autres revenus.

Enfin l'Edit de 1773, concernant les ordres religieux, auquel tout ordre, toute congrégation, toute observance doit se conformer, en abandonnant son gouvernement particulier ainsi que sa règle, pour obéir au Roi qui est le maître d'imposer telle loi que bon lui semble dans ses Etats, veut, art. 15, & porte :

» Les Officiers seront tenus de rendre tous les mois compte
» de leur gestion par bref état au Supérieur assisté de deux
» Religieux, au moins, à ce députés par le Chapitre de la
» Communauté & ce, sans préjudice des autres règles &
» formalités établies pour la reddition des comptes, par
» les constitutions de chaque ordre & seront lesdits comptes
» représentés aux premiers Supérieurs, lors de leur visite,
» en présence des Supérieurs locaux & des mêmes Religieux
» à ce députés, pour être par eux approuvés, s'il y a lieu ;
» voulons que, si lesdits Officiers se trouvent avoir mal
» administré lesdits biens, & lesdits Supérieurs avoir toléré
» leur mauvaise gestion, ou y avoir concouru, ils soient
» punis conformément aux règles & constitutions, & no-

Inventaire.

Feuille journalière de la dépense, journal paraphé.

Pot-de-Vin.

Edit, 1773.

» tamment par la privation de tout emploi, pendant une
» ou plufieurs années, fuivant l'exigence des cas ». L'Edit
eſt à peu près femblable aux citations que nous avons ci-
deſſus faites relativement aux emprunts, &c.

Cependant, comme il s'agit de fe procurer des ſtatuts,
de refondre, perfectionner les anciens, en confultant les
Edits, Arrêts, Règlements intervenus relativement à l'adminiſtration qu'il faut, autant qu'il eſt poſſible, préferver
de tous abus, il feroit à propos, en ajoutant aux Règlements
ci-deſſus, de ſtatuer que le même Religieux ne pourroit
fous aucun prétexte, être chargé de faire la recette & en
même temps la dépenfe de fa communauté ; que ces emplois feroient confiés à deux perfonnes différentes, autres
que le Prieur ; que le coffre de la Communauté ne feroit
ouvert qu'en préfence des gardes des trois clefs, lefquels y verferoient eux - mêmes la recette & en tire-
roient eux - mêmes les fommes néceſſaires pour la dépenfe dont les articles feroient écrits par ordre de date,
fur le regiſtre coté & paraphé, tant par le Prieur que
par le plus ancien de la Communauté, ou par icelle
délégué ; que le Dépenfier ou Celerier juſtifieroit des
emplois par lui faits avant que de pouvoir toucher de nouveaux deniers ; que la recette & la dépenfe feroient vérifiées
tous les trois mois par le Prieur, le Procureur & l'ancien
ou délégué qui feroient le décompte de l'argent qui reſte-
roit en caiſſe, & figneroient ; qu'enfin le tout feroit, chaque
année, communiqué à la Communauté affemblée, par un
compte général de recette, dépenfe & oſtenſion de reliquat,
fi aucun y avoit, fauf les débats de la Communauté.

Cette forme d'adminiſtration introduite dans l'ordre de
Cîteaux par Arrêt du Confeil d'Etat du 25 Avril 1783,
ne peut qu'être très-avantageufe pour les maifons de l'étroite
obfervance, que l'on prétend être pour la majeure partie
ruinées. Il n'y aura d'ailleurs, que ceux qui auront de mau-
vaifes vues qui pourront s'oppofer à ce qu'elle faſſe partie
des prochains ſtatuts.

§. VIII.

Si les Conventuels peuvent assister aux Chapitres généraux.

Cette question est décidée par l'art. 4 du jugement des Commissaires du Roi, du 26 Octobre 1748. Il porte :

» La disposition de l'art. 3 du Règlement du 23 Juin
» 1739, concernant les Députés ou Conventuels des huit
» Monastères (de Franche-Comté) y dénommés, sera exé-
» cutée suivant sa forme & teneur & à l'égard des autres
» Monastères de l'étroite observance, les statuts de ladite
» étroite observance, concernant les Députés ou Conven-
» tuels, seront pareillement exécutés & pourront lesdits
» Députés & Conventuels rendre compte au Chapitre
» général, chacun à son égard, des affaires qui concernent
» la maison qui l'aura député tant pour le spirituel que pour
» le temporel, des abus & relâchements dans la discipline,
» si aucuns s'y étoient introduits ; faire telles représentations
» & demander tels Règlements qu'il jugera convenables ;
» ce qui sera observé même dans les assemblées extraordi-
» naires, tenant lieu des Chapitres généraux, sans néan-
» moins que lesdits Conventuels puissent avoir aucun droit
» de suffrage ».

Jugement 1748, art. 4.

Quels sont maintenant les statuts de l'étroite observance, ou plutôt son usage sur ce point ; car les statuts de l'ordre de Cluny ne parlent pas des Conventuels ? Les Chapitres généraux de 1693, 1725, ont été renouvellés au Chapitre de 1728, par ce décret.

Prohibitum est ne inposterùm ad capitula generalia à con-ventibus deputentur & mittantur Monachi quos vocant Conven-tuales, nisi iis casibus qui tanti sint momenti ut Vicarii generales aut visitatores sic ordinandum duxerint.

C'est de ce décret que, parle le Règlement ci-dessus ; ainsi il est jugé que les Communautés ne peuvent envoyer de Dé-puté que lorsque les Visiteurs y ont consenti ; que ces Conven-tuels introduits doivent justifier de la permission, rendre compte de leur miſſion, qu'ils ont droit de demander un Règlement que le Chapitre général ne peut refuſer.

Au lieu de cela, voici ce qui ſe paſſe dans les Chapitres généraux où l'on s'écarte de celui de 1678 qui, au moins, diſoit qu'il y avoit plainte, qui, au moins, la déclaroit mal fondée, s'il n'en exprimoit pas l'objet. Aujourd'hui, ſi on conſulte ces Chapitres généraux, on y trouve très-aſſiduement & très-uniformément ces mots qui ne ſont plus que de ſtyle :

Chap. 1765.

Les Définiteurs de l'étroite obſervance étant dans leur définitoire particulier, ont entendu ſéparément les Conventuels de l'Abbaye de Cluny, du Prieuré du Château & celui de la Voulte qui ont exhibé & mis ſur le bureau les actes de leurs nominations & ont fait les repréſentations dont ils étoient chargés par la Commnnauté. Chap. 1765.

Chap. 1759.

Les Définiteurs de l'étroite obſervance étant dans leur définitoire particulier, ont fait appeller les Conventuels qui ont paru au nombre de quatre, ſçavoir, ceux de Cluny, la Charité, Souxillanges & la Voulte, & ont remis ſur le bureau les actes de leurs députations, ont juſtifié de la permiſſion des Supérieurs majeurs & ont fait les repréſentations dont ils étoient chargés. Chap. 1759.

Tous les autres Chapitres ſe reſſemblent. Ils diſent bien tous que les Conventuels ſont entrés; mais de quoi ſe ſont-ils plaints, quel droit a-t-on fait ſur leurs plaintes, ſont-ils même ſortis après s'être plaints ? c'eſt ce que l'étroite obſervance n'a jamais dit qu'en 1678, & encore ce fut de manière qu'il eſt impoſſible de deviner ce dont il s'agiſſoit.

Cependant les Conventuels ont été au Chapitre pour ſe plaindre de leur Prieur ; rarement leur députation a-t-elle d'autre motif ; toujours ſont-ils députés pour affaire grave, aux termes des Chapitres de 1693, 1725 & 1728. Quelle eſt ſon eſpèce ? c'eſt ce qu'on ne voit pas. Quel Règlement intervient-il ? aucun ; quoiqu'aux termes du jugement de 1748, le Conventuel ne doive pas s'en retourner ſans Règlement. Abus par conſéquent, de la part du Chapitre général dont la juſtice ne s'éveille pas, ou qui craint de

punir

punir les Prieurs, diſſimule ou excuſe leurs fautes & ſemble avoir juré de dégoûter les Conventuels de pareils voyages.

§. I X.

Si les Bénéficiers peuvent recevoir ou exiger une partie du produit de leurs bénéfices ; ſi même ils ſont propriétaires du bénéfice quant au titre.

Radix omnium malorum proprietas. Omnia omnibus ſint communia. Tous les Fondateurs d'Ordres & notamment Saint-Benoît dont l'étroite obſervance doit ſuivre ponctuellement la règle, ſont partis de ces deux maximes ſans leſquelles il n'eſt pas poſſible de mener une vie monaſtique. Nous ne finirions pas ſi nous voulions rapporter tous les paſſages de la règle, qui forcent le Cluniſte à la déſapropriation abſolue ; tous les articles des Statuts de Pierre le vénérable, Hugues V, Henri I, Jean III, tous les décrets des Chapitres généraux tenus avant & depuis l'établiſſement de l'étroite obſervance, tous les arrêtés des diettes, tous les Arrêts invervenus en conſéquence : nous ne rappellerons auſſi que le ſerment, que le vœu des réformés. *Quod de fructibus beneficiorum aut officiorum clauſtralium vel penſionum quarumcumque non diſponam, ſed omnimodam eorumdem fructuum diſpoſitionem penes Superiores Monaſteriorum ejuſdem obſervantiæ in communem tantùm uſum relinquam.*

Le réformé l'a promis, l'a juré aux pieds des autels : il a juré qu'il ne toucheroit rien des bénéfices dont il ſeroit titulaire ; que les fruits de ces bénéfices tomberoient en la diſpoſition de ſes Supérieurs pour l'uſage commun : ces fruits ne lui appartiennent donc plus, mais à l'ordre, mais à tous les Religieux. Dès lors, pourquoi recevroit-il une penſion particulière ſur ces bénéfices ? Son ſerment lui fait-il quelque réſerve ? Il porte, *omnimodam diſpoſitionem penes Superiores.* Le Procureur général, en payant cette penſion qui, à ce qu'on prétend, va à l'égard de certains ſujets, juſqu'à

100 louis & 1000 écus, les Supérieurs majeurs (1) en ordonnant qu'on la paye & en la paffant en compte, le Religieux titulaire en la recevant, font donc tous également coupables, puifqu'ils agiffent tous contre leur vœu, puifqu'ils mentent tous au S. Efprit. *Proprietas contrà votum paupertatis peccatum mortale*, regl. ch. 20. C'eft un larcin fait à l'ordre, & ce larcin attaquant la profeffion, change & empoifonne le cœur du Religieux qui, fur le champ, occupé de fon intérêt perfonnel, paffe de l'oubli de l'égalité jurée entre lui & fes frères au goût des commodités de la vie, au defir des fuperfluités mondaines, à l'étalage du fafte, à la morgue de l'orgueil, à l'appétit de la domination, à la foif de l'argent & aux reffources de la cabale & de l'intrigue qui *per fas aut nefas*, peuvent en procurer.

Parmi tous ces vices engendrés par la propriété, comment trouver encore la réforme, la difcipline, la vie religieufe, la charité & la concorde? Les Religieux penfionnés font autant d'*Achans dans l'armée des Hébreux*, de *Giézi dans la maifon d'Elizée*, de *Judas dans le Collège des Apôtres* (2); & les Supérieurs qui ont ordonné ou permis, le Procureur général qui a fait le payement de la penfion, font les coopérateurs de leur damnation. Pourquoi ne pas exécuter cet ancien réglement, par lequel il étoit dit que tout Clunifte qui mouroit propriétaire, devoit être privé *chriftianâ fepulturâ*? Quel inconvénient y auroit-il à cela, puifque l'étroite-obfervance prétend qu'elle eft l'obfervatrice ponctuelle des anciens Statuts de l'ordre?

Mais allons plus loin, & levons totalement le voile, fans nous arrêter davantage à la queftion de fçavoir fi un réformé peut jouir en tout ou en partie des fruits du bénéfice qui réfide fur fa tête. L'étroite-obfervance eft le véritable titulaire, le réformé n'eft que fon repréfentant, fon homme vivant & mourant.

p

L'étroite-obfervance eft titulaire des bénéfices, fes Religieux ne font que fes repréfentans.

---

(1) Les Supérieurs majeurs font ordinairement gros bénéficiers & ne manquent pas d'approuver les penfions.

(2) Propres paroles du Supérieur Vicaire général & du Procureur général, dans le Mémoire imprimé contre D. Defpaleines.

Sous Bernon, premier Abbé , fous Pierre le vénérable, les Abbés, les Prieurs , les Doyens & autres Supérieurs étoient-ils titulaires ? Bornés à la fimple adminiftration, ils la dirigeoient, aidés des confeils des anciens ou fénieurs, tous étoient amovibles ; les dépendances des Abbayes , les Fermes ou Celles étoient de fimples obédiences , l'ordre feul étoit titulaire. Si l'étroite-obfervance eft , comme elle le prétend, l'ordre de Cluny au berceau, voilà fon état : il ne doit y avoir chez elle que des Adminiftrateurs , des Obédienciers ; c'eft elle qui eft le titulaire, le Religieux n'eft que fon repréfentant. Et comment n'en pas juger ainfi, lorfque l'on voit tous les réglemens défendre aux Religieux l'adminiftration de leurs bénéfices , de s'y tranfporter fans une permiffion fpéciale du Supérieur Vicaire général, d'y demeurer fans une obédience, d'y prendre la première place en préfence du Supérieur majeur qui n'efface le Religieux , que parce que le repréfentant n'eft plus rien devant le repréfenté.

Il eft vrai que depuis la mort de Pierre le vénérable, la propriété s'eft introduite dans l'ordre de Cluny ; que fous Henri I, en 1358, les Prieurs font devenus perpétuels, que l'on connoiffoit déjà les bénéfices : qu'en conclure ? Que l'ordre de Cluny n'étoit plus au berceau, qu'il s'étoit relâché, qu'il avoit dégénéré en acquérant de l'âge : mais juftement l'étroite-obfervance ne fait pas vœu de fe conformer aux Statuts de l'ordre relâché, elle fait vœu d'obferver ponctuellement les premiers Statuts de l'ordre & ces Statuts ne connoiffent que l'amovibilité , l'obédience, la défappropriation ; par conféquent nulle poffeffion poffible, nul titre exiftant, nulle capacité dans fes Religieux.

Nous demanderoit-on pourquoi, fi l'ordre eft le titulaire, ce font les Religieux qui font nommés ? Notre réponfe feroit toute fimple. Lorfque la réforme eût lieu & fut autorifée, la plupart des maifons conventuelles de l'Ordre de Cluny où elle fut introduite, étoient poffédées, en commande, par des Eccléfiaftiques Séculiers , comme elles le font encore à préfent. La commande, comme on fçait, ne laisse à la Communauté que le tiers des revenus. Ce tiers étoit absolument insuffisant, en certains lieux, pour l'entretien de dix à douze Religieux requis pour la conventualité. Pour parer à cette insuffisance, *aux besoins & aux dépenses du corps* naissant, on n'imagina rien de mieux que la possession des bénéfices. C'est l'Etroite Observance elle-même qui le reconnoît dans son Mémoire imprimé contre D. Despaleines, pag. 50; il en résulte donc que les bénéfices n'ont été admis dans l'Etroite Observance que pour l'entretien de la conventualité & les besoins du corps; il en résulte donc aussi que c'est à la conventualité en général & au corps seul qu'ils appartiennent & non pas au Religieux qui aussi n'est jamais conventuel dans son bénéfice.

Le Mémoire ci-dessus cité ajoute au même endroit que, *si les maisons avoient été suffisamment dotées, les Religieux auroient renoncé aux bénéfices comme à leur revenu*; mais, dès-lors, comme ceux-ci ne jouissent du revenu que pour l'ordre, il est donc impossible de ne pas dire en même-temps qu'ils ne sont titulaires que pour lui, à cause de ses besoins; & cette conséquence est d'autant plus nécessaire que, si l'ordre avoit été doté, il n'eût jamais pu admettre les bénéfices qui contrarient & ses statuts fondamentaux, & le vœu de ses Religieux. Voici, au surplus, pourquoi l'ordre est représenté par un Religieux.

Les bénéfices étoient formés depuis long-temps, lorsque l'Etroite Observance s'introduisit dans les différents Monastères de l'ordre de Cluny. Nécessitée à se les approprier pour se consolider, elle ne pouvoit pas les garder éternellement; il eût fallu obtenir une réunion; cette réunion eût fait tort aux Séculiers qui y aspiroient par la commande, aux autres Religieux de l'Ordre de St. Benoît, en général, qui avoient droit de s'opposer à l'extinction de ces bénéfices, & aux collateurs qui avoient droit d'y nommer. Dans ce conflit, dans cette contrariété d'intérêts, la pauvreté de la réforme lui fit conserver la capacité de posséder des bénéfices, mais on l'obligea de donner un représentant pour l'intérêt des tiers & empêcher la réunion qui auroit eu lieu ; si elle eût été le titulaire, de fait & de droit, vu que les corps ne meurent jamais.

C'est, au surplus, sur ce pied que les Tribunaux considèrent l'Etroite Observance, & deux Arrêts nous en convainquent.

D. Panseron, Prieur de Saint-Martin de Sancoins, quitta l'Etroite Observance en 1702, s'appropria les revenus de son bénéfice, & se retira chez son frère à Nevers : il y demeura jusqu'en 1756, époque de sa mort. Les Créanciers s'emparèrent de sa Cote-Morte, & après douze ans de possession, l'un de ses successeurs s'apperçut qu'il avoit détruit un moulin.

Ce successeur actionna l'Etroite Observance ; celle-ci prouva qu'elle n'avoit jamais joui, mais n'en fut pas moins condamnée par Arrêt du 22 Septembre 1759, à payer une rente annuelle de 150 liv., dont elle est encore chargée, pour tenir lieu du moulin détruit. Or, n'ayant jamais joui, l'Etroite Observance peut-elle avoir été condamnée autrement que comme véritable titulaire, sous le nom de D. Panseron ?

En 1716, D. Depein fut pourvu du Prieuré de Saint-Martin du Sauzet. Il abandonna la réforme, prit l'habit des anciens, vecut en liberté, administra son bénéfice, mourut & laissa des créanciers qui s'emparèrent de sa Cote-Morte, des réparations à faire à son bénéfice.

M. le Prince de Rohan, son successeur, actionna l'Etroite Observance ; celle-ci articula sa non-jouissance ; mais l'Arrêt du 10 Septembre 1757, jugea encore la réforme véritable titulaire, représentée par son Religieux, puisqu'il la condamna à faire les réparations demandées. Qu'elle eût joui, qu'elle n'eût pas joui, veritable titulaire elle devoit jouir ; son Religieux fut jugé n'être qu'un homme vivant & mourant, un prête-nom, un représentant, un homme nécessaire à l'état du bénéfice possédé qui n'appartenoit pas à l'Etroite Observance seule, mais aux Collateurs, aux Gradués & à toutes les Congrégations de l'ordre de Saint-

Benoît. Auſſi, ſi la réforme ceſſoit d'exiſter, ce qu'à Dieu ne plaiſe, la repréſentation ceſſant dans les Religieux, faute de l'objet repréſenté, il n'y a pas de doute que tous les bénéfices qu'elle poſſede par ces repréſentants deviendroient, au même inſtant, conférables & impétrables, puis qu'il n'y auroit plus de beſoin de corps, plus de conventualité à entretenir & que dès-lors il n'y auroit plus de raiſon, ni de prétexte pour conſerver des bénéfices à des Religieux qui ne les ont poſſédés que pour l'utilité commune, qui n'auroient jamais eu la qualité ni le titre de bénéficiers, ſi leur Congrégation n'avoit eu des beſoins, & avoit pu poſſéder par elle-même.

Mais, nous dira-t-on, un réformé peut réſigner comme tout autre bénéficier; il eſt donc véritablement titulaire, comme tout autre bénéficier. C'eſt encore, à peu près, la même réponſe que nous allons donner. Quand le réformé a-t-il pu, ſans l'agrément de ſes ſupérieurs, réſigner? Pourquoi peut-il réſigner?

L'état Eccléſiaſtique en général ſouffroit avec beaucoup d'impatience l'union de fait qui ſe trouvoit dans l'ordre de Cluny, ſa réforme & la Congrégation de Saint-Maur. Les réſignations ne s'y faiſoient qu'à un Religieux confrère du bénéficier; le bénéficier mourant étoit inconnu; de ſorte que ſa Congrégation impétroit facilement ſon bénéfice au préjudice du droit des Collateurs & de ceux qui y pouvoient prétendre; le bénéfice une fois entré dans la réforme, ou dans S. Maur, y paroiſſoit fixé pour jamais. Le Clergé ſe plaignit, le Roi l'écouta &, pour empêcher cette perpétuité, par ſes Edit & Déclaration de 1719 & 1721, il permit aux Religieux de Saint-Maur & de Cluny, ſur la tête deſquels réſidoient des bénéfices, de pouvoir réſigner, ſans le conſentement de leurs Supérieurs. Mais, delà, s'il réſulte évidemment que, juſqu'en 1719 & 1721, les bénéfices n'étoient pas réſignables, ſans la volonté des Supérieurs; que ces Supérieurs repréſentants la Congrégation, ne donnoient leur conſentement qu'autant que la Congrégation continuoit d'être titulaire par un autre de ses membres ; il en résulte aussi évidemment que s'il a fallu un Edit, une Déclaration, pour, sans leur consentement, rendre ces bénéfices résignables, c'est qu'avant ces Edit & Déclaration, c'étoit la Congrégation à cause de ses besoins, & non pas le Religieux qui étoit titulaire.

Or, ces Edit & Déclaration n'ont pas rendu le Religieux plus titulaire qu'il l'étoit avant qu'ils fussent promulgués. On ne voit rien, dans ces loix, qui diminue le droit de la Congrégation , qui augmente celui du Religieux toujours nécessité à renoncer à toute administration. L'état de ce Religieux étant le même qu'il étoit avant ces Edit & Déclaration , la permission qu'il a obtenue n'étant visiblement qu'au préjudice de son ordre, à l'avantage des tiers, & nullement à lui profitable, il n'est donc, comme auparavant, qu'un homme vivant & mourant qui, seulement depuis 1719 & 1721, a acquis le pouvoir de préjudicier à son représenté.

Nous aurions pu traiter cette derniere question plus en grand, en examinant les différentes situations dans lesquelles se sont trouvés & l'ordre de Cluny & l'Etroite Observance, par rapport aux bénéfices: il en résulteroit , peut-être , un plus grand jour sur la propriété de l'Etroite Observance dans les bénéfices résidents sur la tête de ses Religieux; mais ce qui nous en a empêché, c'est que cette question ne fait point partie des objets sur lesquels on nous a consulté ; que si nous en avons dit ici quelque chose , ce n'a été que par occasion , & pour davantage prouver, en prenant la chose dans son principe, combien il étoit contraire à la fondation de la réforme, au serment de ses Religieux, aux Arrêts, aux Chapitres Généraux, & aux Dietes que ce que l'on appelle improprement *les bénéficiers réformés*, reçussent du Procureur Général , seul Administrateur de tous les bénéfices de l'Etroite Observance, la plus légère somme, soit à titre de bénéfice, soit à titre de pension.

Le bénéficier dans la réforme est un simple prête-nom, un simple représentant ; qui, aussi renonce à administrer le bénéfice placé fur fa tête; qui jure qu'il ne prétendra ni ne percevra jamais rien de fes fruits, qui reconnoît aux pieds des Autels que ces fruits appartiennent à fa congrégation; fi d'après cela, il exige ou prend des penfions, comment ne pas dire qu'il vole l'Ordre, que ceux qui les lui payent ou font payer font fes complices, & que tous mentent au Saint Efprit.

Délibéré à Paris, ce 23 Novembre 1783.

GUYOT DE SAINTE-HÉLÉNE, Avocat.

BUSCHE, Procureur.

A Paris, chez KNAPEN & Fils, Imprimeurs-Libraires, au bas du Pont S. Michel, 1784.

www.ingramcontent.com/pod-product-compliance
Ingram Content Group UK Ltd.
Pitfield, Milton Keynes, MK11 3LW, UK
UKHW021124140726
13695UKWH00004B/1696